歴史ドキュメント

命をかけた遣唐使たち

鑑真と仲麻呂の運命の岐路

志岐隆重

はじめに

弁正《べんしょう》という留学僧がいた。

弁正は七〇二年、粟田真人《あわたのまひと》ひきいる遣唐使節団の一員として唐にわたった。

弁正は囲碁の名手だった。長安ではよく宮中に呼び出され、のちの玄宗《げんそう》皇帝、李隆基《りりゅうき》と囲碁を楽しんだ。

李隆基は十年後に皇帝に即位（玄宗）するが、このときは十八歳の少年だった。

ところが弁正は、宮中で李隆基たちと交友を深めるうち、しだいに唐の貴族社会に深入りするようになっていった。

やがて弁正は仏道から遠ざかるようになり、ついに僧籍をすて、還俗してしまった。

そして長安の女性と結婚し、朝慶、朝元というふたりの男の子が生まれた。

こうなると、弁正は日本に帰ることはできない。

それから十数年後、多治比県守《たじひのあがたもり》ひきいる次の遣唐使節団が長安にやってきた。

多治比一行は翌年（七一八）帰国したが、そのなかに十二歳の男の子がいた。弁正の次男、朝元である。日本に帰れない弁正の代りに船に乗ったのだろう。朝元は日本で歓迎され、翌年、「秦朝元《はたのあさもと》」の名と「忌寸《いみき》」の姓《かばね》を賜った。

それからさらに十数年後（七三三）次の遣唐使節団が入唐したが、そのなかに二十七歳の秦朝元がいた。幹部級の「判官」だった。

玄宗皇帝は、一行のなかに弁正の子（朝元）がいることを聞き、朝元を何回も宮中に招いた。そして、弁正と碁を打った思い出ばなしをなつかしそうに語った（このとき弁正は亡くなっていた）。

秦朝元は、唐で母親や兄の朝慶と再会したのか分からないが、日本で結婚していたこともあり、唐に残らず、使節団とともに日本にもどった。

秦朝元が帰国して三年後、藤原氏に嫁いでいた娘が男の子を生んだ。藤原種継《ふじわらのたねつぐ》である。

それから四十数年後、藤原種継は桓武《かんむ》天皇の信頼があつく、参議から中納言に昇進した。

そして長岡京の造営責任者になったが、遷都の翌年（七八五）、種継は長岡京を視察中、とつぜん、矢を受け、暗殺された。

◎目次

編集進行／宮下陽子

第一章

聖徳太子と小野妹子

煬帝への国書のなかで、自らを「日出ずる処の天子」と称した聖徳太子（『聖徳太子画像』新宿歴史博物館蔵）

推古天皇

雄略天皇は「倭王武」

漢の滅亡から隋の統一まで、およそ三百七十年間、中国は分裂・抗争の時代がつづいた（魏晋《ぎしん》南北朝時代）。

その間、日本は邪馬台国《やまたいこく》の卑弥呼《ひみこ》が魏に使者を派遣し、その後、大和朝廷の雄略天皇も南朝の宋に使者を遣わした。そして、それぞれ中国の皇帝から冊封《さくほう》を受けた。

冊封とは、日本の王が中国皇帝の臣下としてその任命を受けることである。雄略天皇は、倭王武《わおうぶ》と任命された。

しかし雄略天皇以降、日本は使者を派遣することをやめた。そしてその後、日本は中国の冊封体制からしだいにはなれ、日本独自の国づくりをすすめていくことになったのである。

ところが五八九年、中国では隋の文帝が南北を統合し、強大な統一国家を樹立した。それを見た朝鮮三国（高句麗《こうくり》、新羅《しらぎ》、百済《くだら》）は早々に隋に使者を派遣し、朝貢した。

日本も隋に使者を派遣しないわけにはいかなくなった。

そこで六〇〇年、日本は最初の遣隋使を派遣することにした。四七八年に雄略天皇が使者を派遣してから百二十年ぶりの中国への遣使である。

初の女帝

時の天皇は日本最初の女帝、推古天皇である。聖徳太子が皇太子、政界の実力者は大臣、蘇我馬子《そがのうまこ》だった。

推古天皇は欽明天皇の娘で敏達《びだつ》天皇の妃だったが、母親は蘇我氏（馬子の妹）だった。

つまり蘇我馬子は五九二年、崇峻《すしゅん》天皇を暗殺した後、自分の姪を皇位につけたのである。

推古天皇のことを『日本書紀』はこう書いている。

◇

豊御食炊屋姫《とよみけかしきやひめ》（推古天皇）は欽明天皇の娘で用明天皇の妹である。幼時の名を額田部《ぬかたべ》皇女と申しあげた。お姿は端正で挙止にもあやまちがなかった。

御年十八歳で敏達《びだつ》天皇の皇后にお立ちになった。三十四歳のとき敏達天皇はお崩れになった。

三十九歳のとき崇峻《すしゅん》天皇は大臣馬子に弑《しい》せられ、皇位が空になった。群臣たちは額田部皇女に皇位を継がれるよう請うたが皇后はお受けにならなかった。

百寮《ももつかさ》が上表してなおもお勧めしたので三度目にいたってようやくこれにお従いになった。そして、豊浦宮で皇位にお就きになった。

◇

聖徳太子

一度に十人の訴えを聞く

聖徳太子は用明天皇の子であるが、母親はやはり蘇我氏だった。そして推古天皇の甥にあたる。

推古朝の政治は、この推古天皇と聖徳太子と蘇我馬子の三人が主役だった。

聖徳太子は生まれながらに聖人のようだった、と『日本書紀』に書いている。

◇

推古天皇は夏四月の十日に廐戸皇子《うまやどのみこ》（聖徳太子）を皇太子にお立てになって政務を総裁させ、国政執行の権限をことごとくお任せになった。

皇子は用明天皇の第二子で母の皇后（穴穂部《あなほべ》皇女）は御出産の日、宮中をめぐって各宮司を御視察になった。馬官までおいでになったとき、廐《うまや》の戸につき当たり、お苦しみになることもなく急に御出産になった。

皇子はお生まれになると、もう言葉をお話しになり、聖人のような知恵をお持ちであった。

成人してからは一度に十人の訴えを聞いてまちがいなく判別し、これから起こることを前もってお知りになることもできた。

◇

最初の遣隋使

帆柱一本の船

六〇〇年（推古朝八）最初の遣隋使船が難波津《なにわづ》を出航した。瀬戸内海を通り、博多津《はかたのつ》から朝鮮半島の西側を北上して中国にいたるコースだ。

遣隋使船は後の遣唐使船より一回り小さく、全長およそ二十メートル、幅五メートル、帆柱は一本だった。

最初の遣隋使は誰だったのかよく分からないが、都の大興城で隋の皇帝、文帝に会った。

大興城というのは、文帝が旧長安城の近くに新たにつくった大都城で、のち、これを長安城と改めた。「城」とは「京」、つまり都城のことである。

日本の使者が文帝に会ったときのやり取りを『隋書倭国伝』が伝えている。

◇

開皇二十年（六〇〇）倭王、字は多利思比孤《たりしひこ》（聖徳太子）、使を遣わす。

使者、言う「倭王は天を以て兄となし、日を以て弟となす」と。

高祖（文帝）曰く「これ大いに義理なし」と。
ここにおいて訓《おし》えてこれを改めしむ。

◇

日本の使者が「倭王は天の弟だ」と言ったら、文帝が「それは理屈に合わない」と叱り、改めさせたというのだ。

日本が背伸びした言い方をしたのは、もう中国の冊封は受けない、という意思表示だったのかもしれない。

冠位十二階

官僚制の確立をめざす

三年後の六〇三年、推古天皇は飛鳥小墾田宮《あすかおはりだ》をつくり、豊浦宮からここに移った。
そして、「冠位十二階」を制定した。
これは官僚制の確立をめざしたもので、氏ではなく、個人の位階を十二の階級にしたのである。

『日本書紀』は十二階を具体的に書いている。

◇

十二月の五日にはじめて官位を施行した。

大徳、小徳、大仁、小仁、大礼、小礼、大信、小信、大義、小義、大智、小智のあわせて十二階で、階ごとにそれぞれ決まった色の絁（絹）を縫いつけた。

髪を頂きにまとめてくくり、袋のように包みこんで縁どりをつけた。

◇

憲法十七条

中央集権体制の確立をめざす

その翌年（六〇四）聖徳太子が「憲法十七条」を制定した。

これは、天皇を頂点とする中央集権体制を確立するため、官僚は天皇に対して絶対服従せよと命じたものだ。

『日本書紀』は十七ヵ条すべてを書いている。なかなか面白いので、ここに紹介したい。

◇

一、和を大切にし、人といさかいをせぬようにせよ。

上司と下僚とがにこやかに睦まじく論じ合えれば、おのずから事は筋道にかない、どんなことでも成就するであろう。

二、あつく仏教を信仰せよ。

仏教はあらゆる生きものの最後に帰するところ、すべての国々の仰ぐ究極のよりどころである。どのような時代のどのような人々でも、この法をあがめないことがあろうか。

三、天皇の命を受けたら、かならずそれに従え。

君主の言には臣下はかならず承服し、上が行なえば下はそれに従うのだ。もし従わなければ、結局は自滅するであろう。

四、群臣役人はみな礼法をものごとの基本とせよ。

民を治める肝要はこの礼法にある。上の行ないが礼法にかなわなければ下の秩序は乱れ、きっと罪を犯す者が出てくる。

五、役人は財物への欲望を棄てて百姓の訴訟を公明にさばけ。百姓の訴えは一日に千件にも及ぼう。訴訟を扱う者は私利を得るのをあたりまえと思い賄賂を受けてからその申し立てを聞いているようだ。これでは貧しい民はどうしてよいか分からない。

六、悪しきを懲らし善きを勧めるということは古えからのよるべき教えである。それゆえ人の善行はかくすことなく知らせ、悪事はかならず改めさせよ。

七、おのおの職掌をまもり、権限を乱用しないようにせよ。賢明な人が官にあれば政治をたたえる声がたちまちにおこるが、よこしまな心をもつ者が官にあれば、政治の乱れがたちどころに頻発する。

八、群臣役人は早く出仕し、おそく退出するようにせよ。公務はゆるがせにできない。遅く出仕したのでは緊急の用事に間にあわないし、早く退出したのでは事務を仕残してしまう。

九、信《まこと》は人の行なうべき道のみなもとである。何事をなすにもまごころを込めよ。事のよしあし成否のかなめは、この信にある。

十、心にいきどおりを抱いたり、それを顔にあらわしたりすることをやめ、人が自分と違ったことをしても、それを怒らないようにせよ。

人の心はさまざまでお互いにあい譲れないものをもっている。自分が聖人で相手が愚人だと決まっているわけではない。

十一、官人の功績過失をはっきりと見て、それにかなった賞罰を行なうようにせよ。

近ごろは功績によらずに賞を与えたり、罪がないのに罰を加えたりしていることがある。

十二、国司や国造は百姓から過重な税を取り立てぬようにせよ。

この国土のすべての人々はみな王（天皇）をその主としているのだ。

十三、それぞれの官司に任ぜられた者はみな自分の官司の職務内容を熟知せよ。

そのようなことは自分は聞いていないと言って、公務を妨げるようなことがあってはならない。

十四、群臣や役人は人をねたみそねむことがあってはならない。
　自分が人をねためば、人もまた自分をねたむ。嫉妬の弊害は際限がない。
十五、私心を去って公のことを行なうのが臣たるの道である。
　およそ人に私心があれば、きっと恨みの気持ちがおこる。恨みの気持ちをおこせば、制度に違反し法律を犯すことになる。
十六、民を使役するのに時節を考えよ。
　冬の月の間に余暇があれば民を使役せよ。春から秋にかけては農桑の時節であるから民を使役してはならない。
十七、ものごとは独断で行なってはならない。かならず皆と論じ合うようにせよ。
　人々と検討し合えば、話し合いによって道理にかなったやり方を見いだすことができる。

小野妹子と煬帝

二回めの遣隋使

次の年（六〇五）、聖徳太子（厩戸皇子）は、それまでの上宮から斑鳩宮《いかるがのみや》にうつった。

そして、その二年後（六〇七）、聖徳太子は二回目の遣隋使を派遣した。正使は大礼の小野妹子、副使は鞍作福利《くらつくりのふくり》だった。

七月、小野妹子一行は難波から船に乗り、瀬戸内海を通って北九州の博多についた。そしてその後、壱岐、対馬を経て、朝鮮半島の西側を北上し、中国の山東半島に上陸した。いわゆる北路である。

このときの隋の皇帝は、文帝の子、煬帝《ようだい》だった。

煬帝は父の大興城をきらい、旧洛陽城の近くに新しい都、新洛陽城をつくっていた。

小野妹子は、この新洛陽城で煬帝に謁見した。「日出ずる処の天子……」の国書を差し出したのはこのときだ。そのときのことが『隋書倭国伝』に出ている。

◇

大業三年（六〇七）その王、多利思比孤（聖徳太子）、使を遣わして朝貢す。そ

の国書に曰く、

「日出ずる処の天子、書を日没する処の天子に致す。つつがなきや」云々。

帝（煬帝）これを見て悦ばず。曰く、

「蛮夷の書、無礼なる者あり。また以て聞するなかれ」と。

◇

煬帝が、二度と取り次ぐな、と激怒したのは、東夷の倭王が「天子」と称したからだ。

天子は自分だけだと思っている煬帝としては、絶対に許せない。

それに、「書を致す（致書）」という用語も対等の意味があり、これも〝無礼千万〟だ。

前回は「天の弟」と言って文帝に叱られ、今回は「天子」と称して煬帝を怒らせた。

裴世清の来日

初の中国外交使節が小野妹子に同行

煬帝は放っておけないと思ったのか、日本を説教、宣諭するため、裴世清《はいせいせい》を日本に派遣することにした。

そして翌年（六〇八）四月、小野妹子は裴世清一行とともに隋を発ち、日本にもどってきた。

『日本書紀』によると――、

◇

夏四月に小野臣妹子が大唐（隋）から帰国した。大唐では妹子臣のことを蘇因《そいん》高《こう》とよんだ。

大唐の使人、裴世清と下客（随員）十二人とが妹子臣に従って筑紫に到着した。天皇（推古天皇）は難波の吉士《きし》雄成を遣わして大唐の客、裴世清らを召し、大唐の客のため難波に新しい館を造った。

◇

裴世清の来日は、中国外交使節のはじめての日本訪問である。

裴世清は文林郎《ぶんりんろう》（従八品）という肩書きの若い下級官僚であるが、日本側はこの裴世清を手厚くもてなした。

その後六月十五日、小野妹子、裴世清たちは難波についた。

そして八月十二日、裴世清は飛鳥小墾田宮《おはりだのみや》で聖徳太子に会い、煬帝の国書を捧げもち、再拝した。

煬帝の国書

西の海にある礼儀の国から

その国書には、こう書いてあった。

◇

皇帝から倭《やまと》のすめらみことに御挨拶もうしあげる。

使人の大礼、蘇因高（小野妹子）らが来て、あなたの気持ちをつぶさに伝えてくれた。

自分は天の命をつつしみ受けて地上に君臨し、その徳をひろめて万物に及ぼそうと願っている。人々をめぐみはぐくもうとする気持ちには土地の遠近はかかわりない。

あなたが海の彼方の国にあって人々をいつくしみ、国内が平和で人々の気持ちもよく融和し、誠意をつくしてわざわざはるばると朝貢してきたことを知って、その美しい真心を自分はうれしく思う。

時節もかなり暖かくなり、私も変わりない。

それゆえ外国使臣の接待役、裴世清らを遣わして、自分の気持ちを伝えるとともに、信物（土産物）を贈る。（参考文献㉙）

◇

ここでは怒りを表わさず、当たりさわりのない外交儀礼のことばを述べている。

これに対して、聖徳太子が裴世清にこう言った。

◇

私は海の西に大隋という礼儀の国があると聞いた。故に使いを遣わして朝貢した。私は夷人であり、海中の片隅にいるために礼儀というものを聞くことがなかった。故に道を清め、館を飾り、大使を待った。（①）

◇

これも儀礼的なことばだ。このあと裴世清がこう言った。

◇

皇帝の徳は天地にあまねく、その恵みは四海におよぶ。

倭王が皇帝を慕うが故に、行人（使者）を遣わして宣《の》べ諭すのである。

◇

国書の紛失事件

紛失した小野妹子の処遇

実は煬帝の国書がもうひとつあった。

それは小野妹子に直接、授けたもので「日出ずる処の天子」と書いた日本を非難、叱責する内容だったようだ。

ところが小野妹子はこれを朝廷に提出しなかった。妹子はこう弁明している。

◇

私が帰国するとき、帝（煬帝）は国書を私にお授けになりました。ところが百済の国を通るあいだに百済の人が探し出し、奪い取ってしまいましたので、奉ることができません。(29)

◇

帰国の途中、百済の人に奪い取られたというのだ。

しかし、これはどう考えてもおかしい。

朝廷に提出するのはまずいと考えた小野妹子が独断で破棄したか、あるいは聖徳太子と妹子が相談して、国書はなかったことにしたのか、どちらかだろう。

しかし、何も知らない廷臣たちは怒った。

使者がもっとも大事にしなければならないものを失うとは何事だと激怒し、妹子を流刑と決めた。

『日本書紀』に廷臣たちの怒りのことばが載っている。

◇

そもそも使となった人は、たとえ死ぬ目に会おうとも、その任務を果たすべきものだ。

◇

それなのに、このたびの使はどうして大国の書を失うような怠慢をしたのだ。

◇

ところが推古天皇が妹子をかばった。

◇

妹子は国書を失うという罪を犯したが、軽々しく刑に処すべきではない。あの大国の客人たちの耳に入ると、またやっかいなことになる。

◇

こうして小野妹子は無罪放免となったのである。

第二章

大化改新

大化の改新の立役者中臣鎌足（のちの藤原鎌足）（菊池容斎著『前賢故実』、国立国会図書館蔵）

再び小野妹子

隋の滅亡、唐の建国を見とどける

この年（六〇八）九月、裴世清一行が帰国することになった。

それにあわせ、小野妹子がふたたび隋に派遣されることになった。第三回、遣隋使派遣である。大使が小野妹子、副使は吉士雄成《きしのおなり》だった。

このとき、八人の優秀な若者が留学生、留学僧として同行することになった。高《たか》向玄理《むこのくろまろ》、南淵請安《みなぶちのしょうあん》、僧の旻《みん》らである。

この三人は隋の滅亡、唐の建国を見とどけて帰国し、「大化の改新」に貢献することになった。

このとき小野妹子が持参した国書に「東の天皇から西の皇帝へ」と書いてあったといわれている。

◇

東の天皇がつつしんで西の皇帝に申しあげます。
お使の裴世清らがまいりまして多年の思いがいちどに解けました。

秋もようやく終り近く、涼しくなってまいりましたが、あなた様にはいかがお過ごしでしょうか。御平穏のことかと存じます。私も変わりございません。

今、大礼、蘇因高（小野妹子）と大礼、乎那利《おなり》（吉士雄成）らを遣わして赴かせます。意をつくしませんが謹しんで申しあげます。

◇

『日本書紀』にこう書いてある。しかし実はこのとき、日本はまだ「天皇」の称号を使っていない（天武天皇のときから使用）。

これはおそらく百年後の『日本書紀』の編さんのときに「天皇」の用語を使ったのだろう。

専門家の研究によると、このときの国書は、

「日本の主明楽美御徳《すめらみこと》、敬しみて大唐の皇帝に白す」

だったようだ。

一回目、二回目にくらべると、ずいぶん謙虚な表現になっていた。

ところが、それからわずか十年後（六一八年）隋の煬帝は巡幸先の揚州で殺害され、隋王朝は二代でほろんだ。そして唐王朝が成立した。

聖徳太子の死

悲しみで塩も酢も分からず

煬帝の死の四年後（六二二年）、日本では聖徳太子が亡くなった。四十九歳だった。

『日本書紀』は聖徳太子の死をこう伝えている。

◇

二月五日の夜半、廐戸皇子が斑鳩宮で亡くなった。

このとき諸王、諸臣および国内の百姓はみな、老人は愛児を失ったように、塩や酢を口にしてもその味が分からず、幼少の者はやさしい父母を亡くしたように泣き悲しみ、その声がちまたにあふれた。田を耕やす農夫はすきを取ることをやめ、米をつく女はきねを手にしようとせず、皆が、「日も月も輝きを失い、天地も崩れてしまったようだ。これから先、誰をたよりにしていけばよいのだろう」と言った。

高麗《こうらい》（高句麗）の僧、慧慈《えじ》（聖徳太子の仏教の師、数年前に帰国していた）は、皇太子が亡くなったと聞いて、たいそう悲しみ、こう言った。

「自分は国こそちがうが、太子との間の心のきずなは断ちがたい。独り生きて何の益があろう。自分は来年の二月五日にかならず死に、太子と浄土でめぐり会って、太子と相ともに衆生に仏の教えを広めるだろう」

そして慧慈は定めた日に、そのとおり亡くなった。

◇

聖徳太子はよほど人々に敬愛されていたのだろう。

推古天皇、崩御

後継者が決まらない

聖徳太子の死後、推古天皇は次の皇太子を立てなかった。そして六年後（六二八年）、七十五歳で崩御した。次の皇嗣（天皇の後継者）は田村皇子（敏達天皇の孫）か、山背大兄王《やましろのおおえのおう》（聖徳太子の子）か、なかなか決まらなかった。このときの政治権力者は大臣・蘇我蝦夷《そがのえみし》（馬子の子）だった。

蝦夷は自邸に群臣たちを呼んで饗応し、最後にこう言った。

◇天皇がお崩れになったのに皇嗣がない。早く処置を講じないと事変がおこる恐れがある。どの王を皇嗣としたらよいであろう。

◇田村皇子と山背大兄王のいずれを天皇としたらよいであろう。(29)

群臣たちはおし黙り、だれも答えない。重ねて問うと、田村皇子を推す者と山背大兄王を推す者に別れた。

これでは、蝦夷としても、どちらかに決めることはできない。

しばらくして、山背大兄王が家臣ふたりを蝦夷のところに遣《や》り、こう言った。

◇伝え聞くところによると、叔父上(蝦夷は山背大兄王の母の兄)は田村皇子を天皇にしようと思っておられるということだが、私にはどうしてもその訳が分からない。どうか叔父上の考えをはっきりと知らせてほしい。

田村皇子か山背大兄王か

弁明のやりとりに見える本音

その後、蘇我蝦夷は八人の重臣を斑鳩宮の山背大兄王のところに遣《や》り、こう弁明した。

◇　賤しい私（蝦夷）がどうして独断で安易に皇嗣を定めましょうか。ただ天皇（推古）の遺詔の内容を群臣に告げたまでであります。群臣は口々に、御遺言のとおりならば田村皇子が当然、皇嗣であるべきで、異論があろうはずはないと申しました。これは群臣の言ったことで、私だけの気持ちから出たものではございません。（㉙）

これに対して、山背大兄王は重臣たちに向かってこう言った。

◇　いとしい叔父上が私のことを心配されて、ただの使者ではなくこのような重臣たちを遣《つか》わされ、教え諭して下さるのは大変ありがたいことだ。

しかし今、お前たちが述べた天皇の御遺言は、私の聞いたところとは少し違っている。

私は決して皇位に執着しているのではない。ただ自分の知っていることをはっきりさせたまでだ。それゆえ、何とかして天皇の御遺勅のむねを正しく知りたい。よく叔父上に申し伝えてほしい。㉙

◇

最初の遣唐使（六三〇　犬上御田鍬）

唐の皇帝太宗に謁見

結局、翌年（六二九）田村皇子が皇位につき、舒明《じょめい》天皇となった。

そしてその翌年（六三〇）、日本は最初の遣唐使を派遣することにした。朝鮮三国はすでに派遣していた。

遣唐大使は犬上御田鍬《いぬがみのみたすき》、副使は薬師恵日《くすしえにち》だった。

八月五日、一行二百人が二隻の船に分乗して難波を出航した。そして博多から朝鮮半島の西岸を北上し、無事、山東半島の萊州《らいしゅう》に到着した。遣隋使のコースと同じだ。しかし長安入京を認められたのは五十人のみで、残りは上陸地にとどめおかれることになった。

大使、犬上御田鍬は長安につき、唐の皇帝太宗（李世民）に謁見した。

太宗は、日本に対して、遠い国だから毎年、入朝する必要はないと言った。これは日本も助かるが、唐にとっても必要なことだった。数十ヵ国にもおよぶ入朝国に対する一行の滞在費や回賜品の費用は莫大な金額になるのだ。

二年後の六三二年（舒明朝四）八月、遣唐使一行は対馬にもどってきた。そして十月のはじめ、一行は唐の送使、高表仁らとともに難波に帰りついた。

高表仁の来日

飛鳥本宮でトラブル発生、帰国

日本は高表仁らを盛大に歓迎した。『日本書紀』はこう書いている。

◇

唐の使人、高表仁らが難波津に着いた。

天皇は大伴馬養《おおとものうまかい》らを遣わして迎えさせた。船三十二艘をそろえ、鼓を打ち、笛を吹き、旗を飾ってよそおいを整えた。そして、

「天子（唐の皇帝）の命をおびたお使いが天皇の朝廷においでになったと聞いてお迎えにまいりました」

と告げると、高表仁は、

「風の吹きすさぶこのような日に、船を飾り整えてお出迎え下さり、うれしく、また恐縮に存じます」

と答えた。そこで客人たちを館に案内し、神酒を賜わった。

◇

遣唐使一行の帰国とともに留学していた僧の旻《みん》も帰ってきた。二十四年ぶりの帰国だった（高向玄理《たかむこのくろまろ》と南淵請安《みなぶちのしょうあん》はもうしばらく唐にとどまることになった）。

ところが飛鳥岡本宮において、高表仁と日本側との間でトラブルがおきた。

高表仁が日本を冊封国扱い、臣下扱いしようとしたのを、日本側が拒否したのが原因だったようだ。怒った高表仁は、天皇に会うこともせず、皇帝の国書を渡すこともしないで、帰ってしまった。

山背大兄王暗殺事件

蘇我入鹿の策謀

それから八年後の六四〇年、南淵請安と高向玄理が長い留学生活を終え、日本に帰ってきた。三十二年ぶりの帰国だった。

その三年後（六四三年）日本の朝廷をゆるがす大事件がおきた。

有力な天皇候補の山背大兄王《やましろのおおえのおう》が、蘇我入鹿《そがのいるか》（蝦夷の子）に暗殺されたのだ。

このときのことを『日本書紀』はくわしく書いている。

蘇我入鹿は独断で山背大兄王を廃し、古人皇子（舒明天皇の皇子）を天皇に立てようと謀った。

◇

十一月、入鹿は巨勢徳太《こせのとこだ》らを遣わし、斑鳩の山背大兄王たちを襲わせた。

山背大兄は、馬の骨を寝室に投げこみ、妃や子弟たちを連れ、人のいないすきに逃げ出して胆駒山《いこまやま》におかくれになった。巨勢徳太らは斑鳩宮を焼き、灰のなかに骨を見つけて王が亡くなったものと誤認し、退去した。

やがて山背大兄王たちは山から帰り、斑鳩寺にお入りになった。

それを知った入鹿の軍将らは、すぐに寺を囲んだ。

すると、山背大兄王は、軍将らに、

「自分が軍勢をおこして入鹿を討てば、きっと勝つ。しかし一身の事情のために百姓を傷つけ、殺すことはしたくない。それゆえ、わがひとつの身を入鹿に賜う」

と言い、ついに子弟、妃妾とともにみずから首をくくり、相ともにお亡くなりになった。

蘇我蝦夷はこのことを聞くと、

「ああ入鹿はなんと馬鹿で乱暴な悪事をしたのだ。そのようなことをしたら、お前の命もどうなるか分からないぞ」

と怒りののしった。

◇

中臣鎌足と中大兄皇子

打毬《けまり》の会で知りあう

そういう情勢のなか、中臣鎌足《なかとみのかまたり》と中大兄皇子《なかのおおえのおうじ》（時の皇極《こうぎょく》天皇の子）が急接近した。

唐にならって、日本も天皇を頂点とする中央集権国家をつくらなければならない。

そのためには、蘇我氏の横暴を許してはいけない。

ふたりは飛鳥寺での打毬《けまり》の会で知りあった。

その後ふたりは唐から帰った南淵請安の塾に通って毎日顔を合わせ、蘇我氏打倒の計略を練った。『日本書紀』にくわしい。

◇

中臣鎌足は忠誠な人柄で、世を改め、人々を救おうという抱負があった。

それゆえ、蘇我入鹿が君臣長幼の序をわきまえず、国家をわがものとする野望をいだいていることを憤り、つぎつぎと王家の人々に接触し、企てをなしとげるに足る英明の主を求めた。そして中大兄に心を寄せたが、近づいて心中の考えを打ちあける機会がなかった。

たまたま中大兄が法興寺（飛鳥寺）の槻《つき》の木の下で打毬を行なわれたとき、その仲間に加わり、中大兄の皮鞋《くつ》が打った毬とともにぬげ落ちたのを拾い、進み出てひざまずき、つつしんで奉った。

中大兄も向かい合ってひざまずき、うやうやしくそれをお取りになった。

このようなことから、ふたりはあい親しみ、心にいだいていることを互いにかくすことなく語りあった。ふたりがしきりに接触することを他の人が疑うのをおそれ、のちふたりは、ともに書物を手にして南淵請安先生のもとで周孔の教え

（儒教）を学んだ。

そして、往復の路上で肩をならべてひそかに計略を立てたが、ふたりの意見はことごとく一致した。

◇

蘇我入鹿暗殺事件

皇極天皇の面前で事件は起きる

運命の六四五年となった。

中大兄皇子が入鹿暗殺の決意を蘇我傍系の倉山田石川麻呂《くらやまだのいしかわまろ》（入鹿の従兄弟）に打ちあけたのは六月八日、実行の四日前だった。そして六月十二日、朝鮮三国（新羅、百済、高句麗）の朝貢式典が飛鳥板蓋宮《あすかいたぶきのみや》の大極殿《だいごくでん》ではじまった。皇極天皇（中大兄の母）も蘇我入鹿も列席した。

石川麻呂が朝鮮三国の上表文を読みはじめた。あるところまで読みすすむと、隠れていた刺客が飛び出して入鹿を刺し殺すことになっていた。

そのときの状況を『日本書紀』がくわしく伝えている。

◇

六月八日に中大兄はひそかに倉山田石川麻呂に、

「三韓（新羅、百済、高句麗）の調《みつぎ》が奉られる日、あなたにその上表文を読みあげてもらおうと思う」

と言い、入鹿斬殺の謀略を打ちあけた。石川麻呂は承諾した。

十二日、皇極天皇が大極殿にお出ましになった。蘇我入鹿も剣をはずし、席についた。石川麻呂がすすみ出て、三韓の上表文を読みはじめた。

中大兄はみずから長い槍を取って大極殿のわきに隠れ、中臣鎌足らが弓矢を持って護衛した。

中大兄は佐伯子麻呂らに剣を授け、

「ぬかるなよ。一気に斬るのだ」と言った。

石川麻呂は上表文を読みすすみ、終わりに近づいたのに子麻呂らが飛び出してこないので、流れ出る汗でびっしょりになり、声がふるえ、手がわなないた。

入鹿は不審に思い、

「どうしてそんなにふるえているのだ」

と尋ねた。石川麻呂は、

「天皇のおそば近くにおりますことの恐れ多さに思わず汗をかいてしまいました」

と答えた。

中大兄は、子麻呂らが入鹿の威勢を恐れ、ぐずぐずして進み出ないのを見て、「やあー」と叫んでおどり出、いきなり剣で入鹿の頭や肩を切りつけた。

天皇はひどくお驚きになり、中大兄に、

「いったいどうしたのです。何があってこんなことをしたのですか」

とお尋ねなった。中大兄は、

「入鹿は皇族をほろぼし、皇位を絶とうとしております。入鹿のために皇族がほろびるということがあってよいものでしょうか」

と申しあげた。

天皇は席をお立ちになり、宮殿の中にお入りになった。

最後に、佐伯子麻呂《さえきのこまろ》が入鹿を斬り殺した。
中大兄は、入鹿の屍を蝦夷に送った。

◇

この翌日、父親の蝦夷も自邸で自決した。こうして蘇我氏は滅亡したのである。

大化改新

大化元年はじまる

蘇我氏に擁立された皇極天皇は、ショックのあまり皇位を弟の軽皇子《かるのみこ》（孝徳天皇）にゆずり、退位した。天皇譲位の最初の例である。

そして中大兄皇子が皇太子、蘇我倉山田石川麻呂は右大臣、中臣鎌足は内臣に任命された。また、高向玄理と僧旻は新政府の顧問（国博士）になったが、南淵請安は高齢のため、新政府には参画しなかった。

新政府の目的は、律令制にもとづく中央集権国家を樹立することである。律とは刑法、令とは民法、行政法のことだ。

まずはじめに、唐にならって年号を設け、大化元年（六四五）とした。そしてこの年の年末、孝徳天皇は都を飛鳥から難波の長柄豊碕宮《ながらのとよさきぐう》にうつした。

翌六四六年（大化二）、新政府は改新の詔を発し、律令国家の確立をめざした。

一、私地私民を廃止する

二、地方行政制度を整備する

三、戸籍、計帳をつくり、班田収授法を定める

四、新しい税制を定める

第三章

白村江の戦い

第四次遣唐使の副使 津守吉祥。南路で初めて渡航に成功した。（菊池容斎著『前賢故実』、国立国会図書館蔵）

第二次遣唐使（六五三　吉士長丹）

南北の二コースで派遣

大化改新がスタートしてから数年が経ち、日本はもっと多くのことを唐から学ぶ必要が出てきた。

そこで六五三年（白雉四）、第二次遣唐使の派遣となった。

今回は、これまでの北路と、東シナ海を横断する南路の、ふたつのコースを同時にすすむことになった。

北路　吉士長丹《きしのながに》（大使）　吉士駒《きしのこま》（副使）　百二十人

南路　高田根麻呂《たかだのねまろ》（大使）　掃守小麻呂《かにもり》（副使）　百二十人

この年の五月、二隻の船が同時に南北に分かれ、それぞれ唐に向かった。

ところが七月、南方に向かった高田根麻呂の船は薩摩半島の沖で遭難し、沈没してしまった。乗っていたほとんどの者は死亡し、助かったのは根麻呂ら五人だけだった。

いっぽう北に向かった吉士長丹の船は、無事唐につき、長安で皇帝高宗に謁見した。そして翌年（六五四〈白雉五〉）七月、一行は無事、九州の筑紫に帰りついた。

第三次遣唐使（六五四　高向玄理）

長安で押使が病死

ところがこの年（六五四）の二月、まだ吉士長丹たちが帰ってきていないのに、次の遣唐使船が日本を発った。これは異例のことだ。

高向玄理が押使《おうし》に任命された。押使というのは、大使の上におかれた総監督の地位である。

押使　高向玄理
大使　河辺麻呂
副使　薬師恵日《くすしえにち》

二月、二百四十人が二隻の船に分乗し、北路で唐に向かった。

一行は無事、唐につき、長安で皇帝に謁見できた。しかしその長安で押使の高向玄理が病死した。

大使の河辺麻呂たちは翌年（六五五）八月、都に帰ってきたが、このとき、天皇は交代していた。

一行が日本をはなれている間に孝徳天皇が崩御し、前天皇の皇極がふたたび即位（重祚《ちょうそ》）して、斉明《さいめい》天皇となっていた。

第四次遣唐使（六五九　津守吉祥）

南路コースで最初の渡航

それから四年後、日本はまたまた遣唐使を派遣した。

大使　坂合部石布《さかいべのいわしき》

副使　津守吉祥《つもりのきちさ》

六五九年七月、二百四十人が二隻の船に分乗して難波を発った。

そして八月、一行は筑紫の博多を出帆したが、二隻とも、はじめて南路のコースで唐をめざした。

ところが九月、大使坂合部石布の船は南方で漕難し、近くの島に流れついた。そして大使をはじめ乗組員百二十人のほとんどは島の人間に殺されてしまった。

生きのこったのは五人だけだった。五人はその後、島の船を盗んで東シナ海を横断し、浙江省の近くにたどりついた。そして、その後、洛陽に到着した。

いっぽう副使津守吉祥の船は何ごともなく東シナ海を横断し、杭州湾に到着した。南路で渡航に成功した最初の例である。

そして十月の半ば、副使らは、都長安についた。しかし皇帝高宗はこのとき洛陽にいた。そこで十月の末、副使らは洛陽にもどり、高宗に謁見することができた。このとき、副使は蝦夷の男女ふたりを日本から連れてきていた。

高宗と津守のやりとり

天地に理にかなう活世

『日本書紀』によると、天子（高宗）と使人（津守）との間で、こういうやり取りがあった。

◇

天子が引見して、

「やまとの国の天皇は無事でおられるか」

とおたずねになった。使人はつつしんで、

「天と地の徳を合わせて、おのずと無事でおいでになります」

とお答えした。また天子が、

「政務にたずさわる卿たちは何事もないか」

とおたずねになると、使人はつつしんで、

「天皇が御心をおかけになっておられますので、何事もなくすごしております」

とお答えした。天子がまた、

「国内は穏やかか」

とおたずねになると、使人はつつしんで、

「政治が天地の理にかなっておりますので、すべての民が安穏に暮らしております」

とお答えした。天子はさらに、

「ここにいる蝦夷の国はどちらの方角にあるのか」

とおたずねになった。使人はつつしんで、

「東北の方角にございます」

とお答えした。天子が
「蝦夷には幾種類あるのか」

とおたずねになると、使人は、

「三種類ございます。毎年、やまとの国の朝廷に入貢してまいります」

とお答えした。天子は、

「その国には五穀（米、麦など）はあるのか」

とおたずねになった。使人はつつしんで、

「ございません。肉を食べて生活しております」

とお答えした。天子は、

「その国には家屋はあるのか」

とおたずねになった。使人は、

「ございません。深い山の中で樹木の根もとを住みかとしております」

とお答えした。天子は重ねて、

「自分は蝦夷の身体や顔の奇異なようすを見て大変うれしく、また驚いた。使人たちよ、遠くから来て疲れていることであろう。退出して館におるがよい。また後に会うこととしよう」

と言われた。

◇

『日本書紀』にはこう書いてあるが、高宗が「天皇」という用語を使うはずがない。これもやはり、のちの『日本書紀』編さんのときに書き変えたものだろう。

日本使節団の軟禁

斉明天皇と博多で再会

ところがこのあと、日本使節団は長安で八ヵ月間、軟禁されてしまった。

実はこの翌年（六六〇）、唐は新羅と組んで百済への総攻撃を予定していた。だから、百済の同盟国の日本に計画がもれてはいけない。それで日本使節団を帰したくなかったのだ。

そして翌年七月、唐と新羅の連合軍は予定どおり東西から百済軍を挟撃し、ほろぼした。

その後、連合軍は王都の扶余城を陥落させ、義慈《ぎじ》王をはじめ、多くの王族、貴族、重臣らを唐に連れ去った。

こうして百済をほろぼしたあと、唐はやっと日本使節団を解放し、帰国を許した。しばらくして、津守一行は長安を発ち、洛陽へ向かった。

そしてこの洛陽で、あの五人と奇跡的な再会をはたしたのだった。

このとき副使津守吉祥は、大使をはじめ乗組員のほとんどが島で殺されたことを、はじめて知った。

また洛陽で、津守たちは、捕虜として連れてこられた百済の義慈王や貴族たちが立たされているのを目撃した。

その後、日本使節団は洛陽を発ち、江南へ向かった。

そして翌六六一年四月、津守一行は杭州を出航し、五月の末、無事博多についた。そして斉明天皇に帰朝報告をした。

実はこのとき、斉明天皇は百済再興の軍を朝鮮半島に送るため、みずから博多まできていた。

ところが、この直後、斉明天皇は博多の朝倉宮であっけなく崩御した。

斉明天皇、崩御の後、子の中大兄皇子があとを継ぎ、政務を執った。ただ、正式に即位式を挙げていないので、これを天智称制という。

白村江の戦い

額田王も天皇に同行

百済が唐、新羅の連合軍にほろぼされたあと、百済の遺臣、福信が日本に使者を送ってきた。

日本にいる王子、豊璋《ほうしょう》を百済の王として迎えたいので、連れてきてほしいということだった。そして、日本も救援軍を派遣してほしい、と要請してきた。

日本は、これを承諾した。

そこで斉明天皇は、軍とともに子の中大兄皇子や大海人皇子を連れ、難波を発って九州に向かったのである。額田王も同行した。

伊与の熱田津《にぎたつ》まで来たとき、額田王《ぬかだのおおきみ》が詠んだ有名な歌――

熱田津に船乗りせむと月待てば
潮もかなひぬ　今は漕ぎ出でな

日本軍は豊璋を朝鮮半島に送り、百済国王の位を継がせた。

そして六六三年三月、安倍比羅夫が二万七千の軍勢をひきいて四百隻の船に分乗し、海を渡った。

そして半年後の八月二十七日、日本・百済の軍と唐・新羅の軍が白村江《はくそんこう》*で激突したが、日本水軍は敗北した。

*「はくすきのえ」とも読む。

そこで日本の将軍たちと百済の王豊璋が協議し、

「わが方が先に攻めかかれば、相手はおのずと退去するであろう」

ということになった。その結果どうなったか、『日本書紀』は、こう伝えている。

◇

翌日、日本軍は大唐の軍に攻めかかった。

すると大唐は、左右から船を出してこれを挟撃、包囲し、攻撃した。

みるみる官軍（日本軍）は敗れ、多くの者が水に落ちて溺死し、船のへさきをめぐらすこともできなかった。

このとき百済の王豊璋は、数人と船に乗り、高麗（高句麗）へ逃げ去った。

◇

唐の侵攻に備える

百済がほろび日本にも打撃

こうして百済王国は、完全にほろんだ。そして百済の貴族、官人をはじめ、数千人におよぶ百済の人びとが、生き残りの日本兵とともに日本へ向かった。

日本は任那も百済も失い、朝鮮半島における影響力を完全に失った。

そしてこのあと、日本は唐の侵攻に備えなければならなくなった。

そこで対馬《つしま》や壱岐《いき》に防人《さきもり》を配置し、また大宰府を守るため、その近くに水城《みずき》を築造したりした。

大宰府ははじめ博多の海岸線の近くにあったが、それを内陸部に移し、水城の土塁で守ることにしたのだ。

さらに対馬、壱岐、北九州の山々に烽台を設置し、昼は煙を上げ、夜は火を燃やして敵の侵攻を大宰府に急報する仕組みをつくった。

唐使の来日

度重なる来日にもかかわらず、一度も入京できず

白村江の戦いの翌年（六六四）五月、百済を統治する唐の将軍、劉仁願《りゅうじんがん》が部下の郭《かく》務悰《むそう》を日本に派遣してきた。

郭務悰一行、百三十人は筑紫についたあと、都への入京をもとめた。しかし、日本側はそれを断わり、一行を筑紫から追い返した。

ところが翌六六五年（天智朝四）九月、ふたたび唐使が日本にやってきた。唐使、劉徳高《りゅうとくこう》が、前年の郭務悰とともに、二百五十人をひきいて筑紫に上陸した。

どういう目的だったのかよく分からないが、このときも劉徳高らは、おとなしく唐に帰っていった。

しかし今回は、日本の守大石《もりのおおいわ》らが、劉徳高らを唐まで送っていった。

唐に入った守大石は、洛陽で皇帝高宗と皇后則天武后に謁見した。

その後六六八年、唐と新羅の連合軍は高句麗をもほろぼした。

ところがこのあと、朝鮮半島の支配権をめぐって唐と新羅が対立し、戦争状態に入った。そして双方とも、日本に援軍の派遣を要請してきた。

日本としては、唐や新羅の侵攻を受ける心配がなくなったことになる。

ところが六七一年（天智朝十）十一月、対馬から大宰府に急報がとどいた。大勢の人が、日本に向かうため、朝鮮半島の南部に多くの船が勢ぞろいしているとのことだった。

しばらくすると、二千人が五十艘の船に分乗して筑紫にやってきた。

実はその大部分は、白村江の戦いの日本人捕虜だった。やってきた唐使は、またしても郭務悰だった。

ところがこの直後（十二月）、大津宮で天智天皇が崩御した。

そこで翌年（六七二）三月、朝廷はさっそく筑紫に使者を派遣して天皇の喪を告げた。そして郭務悰に向かって、帰国するよう要請した。

郭務悰ら使節団は喪服を着て哀悼の意を表明したが、その後も入京をもとめて筑紫に居つづけた。

しかし日本側がけんめいに説得をつづけた結果、郭らはついに日本をはなれた。

このとき日本国内で、古代史最大の内乱が勃発しようとしていた。

第四章

壬申の乱

壬申の乱後即位し、"天皇"の称号をはじめて使った天武天皇（松平定信編『集古十種．古画肖像之部　上』国立国会図書館蔵）

天智と大海人の会見

虎に翼つけて野に放つような……

天智天皇が重態におちいったのは六七一年十月だった。

天皇は弟の大海人皇子《おおあまのみこ》を呼び、あとはお前に任せると言った。

しかし大海人皇子は、天智の本心が子の大友皇子にあることを知っていたので、それを固辞し、自分は出家して仏道を修行したい、と言って吉野に向かった。『日本書紀』にくわしく出ている。

◇

十月十七日、天皇は重態におちいられ、勅して東宮（大海人皇子）を召して寝室によび入れ、

「私の病は重い。あとのことはお前に任せる」

と言われた。

しかし、東宮は病を理由に固辞して、これを受けず、

「大友皇子に政務の万端を取り行なわせなさいませ。私は天皇のおんために出家

して仏道を修行いたしたいと思います」と申しあげた。

天皇がこれをお許しになると、東宮は立ち上がって再拝し、内裏の仏殿の南に出、ひげや髪をおそりになり、沙門《しゃもん》の姿におなりになった。

そして十九日、東宮は天皇にお目どおりし、吉野に入って仏道を修行したいと願った。

天皇はこれをお許しになった。東宮はこの翌日、吉野にお入りになった。

◇

大海人皇子の吉野入りを見たある人が、「虎に翼をつけて野に放ったようなものだ」と言ったという。

ところで、この大海人皇子には妃の鸕野讃良《うののさらら》皇女（天智天皇の皇女）や子の草壁《くさかべ》皇子も同行した。

大海人、吉野を脱出

朝廷に不満をもつ豪族を集結

天智天皇は亡くなる直前の十一月、大友皇子（太政大臣）、蘇我赤兄《あかえ》（左大臣）、中臣金《なかとみのかね》（右大臣）ら六人の重臣を呼び、誓約の盟をむすばせた。

はじめに大友皇子が誓いのことばを述べた。

「六人、心を同じくして天皇の詔を奉る。もし違うことあらば、かならず天罰を被らむ」

数日後、天智天皇はふたたび六人の重臣を呼び、再度かれらに誓いのことばを述べさせた。

そしてその三日後（十二月三日）、天智天皇は大津宮で息を引きとった。四十六歳だった。

半年後、大海人皇子が動いた。

六七二年六月、大海人皇子は三人の従者を美濃《みの》に派遣した。兵士を動員するためだ。大海人皇子は美濃に領地をもっており、美濃を勢力圏としていた。遠山美都男氏の

『壬申の乱』によると、三人の従者はいずれも美濃と関わりの深い人間だった。

こうして大海人皇子は、朝廷に不満をもつ地方の豪族などの支持を得て、しだいに勢力を拡大していった。

そして大海人皇子は、鸕野讃良皇女や十一歳の草壁皇子を連れ、吉野を脱出したのである。目的地は美濃だ。

その後、大海人一行は、昼夜を問わず、伊賀から伊勢を強行軍で行進し、六月末、美濃の不破にはいった。そして、大津宮を脱出してきた、子の高市《たけち》皇子や大津皇子とも合流した。

その三日後、飛鳥の古京で、大海人側の大伴吹負《ふけい》が挙兵した。大伴軍は、またたく間に飛鳥地方をはじめ、大和一帯を制圧した。

その後、大海人皇子の進撃命令により、大伴軍は北上を開始し、河内《かわち》の高安城《たかやすじょう》を攻めた。

高安城は、白村江の敗戦のあと、日本が各地につくった山城のひとつで、都を守る最後のとりでだった。

高安城の朝廷軍（大友軍）は、戦うことなく逃げ去った。

朝廷の大友皇子

大海人皇子が吉野を脱出したという情報は、その日のうちに近江の大津宮にとどいた。

進撃、激戦の展開

蘇我果安《はたやす》ひきいる大友軍は琵琶湖東岸を北上して、美濃の不破にある大海人軍の本営に攻め込もうとしたが、なぜか途中で引き返した。

そしてその後、大友の大軍は飛鳥奪還のため、大津を出て南へ向かった。

大友軍は、最初に河内の高安城を攻めた。こんどは大海人軍が敗れ、逃げた。

また別の大友軍は乃楽山《なら》で大海人軍と戦った。これも大友軍が勝利したが、大友軍はそれ以上、大和に進撃することはできなかった。

七月七日、美濃から大海人の援軍が大和に到着した。そしてその後、大和に進撃してきた大友の軍と各地で戦い、いずれも大海人の軍が勝利した。こうして、大海人軍は大和・飛鳥を守り通した。

またこの日（七月七日）、大海人軍は琵琶湖東岸の息長《おきなが》でも大友軍と戦い、これを打ち破った。

その後、大海人軍は琵琶湖東岸を南下し、安河、栗太でも大友軍を破った。そして、瀬田橋で最後の決戦をいどんだ。

瀬田橋の決戦

大友皇子は首を切らせた

七月二十二日、大友軍は大津宮を守るため、総力を結集して瀬田橋の西側に布陣した。太政大臣（大友皇子）、左大臣（蘇我赤兄）、右大臣（中臣金）の三巨頭も顔をそろえた。

大海人軍が東側から総攻撃を加えた。また大海人軍は琵琶湖西側からも大津宮に迫り、さらに南の大和方面からも迫ってきた。

大友皇子は戦いに敗れ、瀬田橋から姿を消した。そして、山前《やまさき》（山崎）の地に身を隠していたが、翌日、これまでと思い、供の者に首を切らせた。二十五歳だった。この日、大津宮は陥落した。

その後、大友皇子の首級《しゅきゅう》（討ち取った首）は美濃の大海人皇子のもとに送られた。

九月八日、大海人皇子は美濃の不破を出発し、飛鳥の古京をめざした。その途中、伊勢の桑名で妻子の鸕野讃良皇女や草壁皇子と再会した。

それから数日後、大海人皇子は飛鳥にもどり、岡本宮にはいった。

天武天皇の即位

律令国家の確立急ぐ

翌年（六七三）二月、大海人皇子は、新しくつくった飛鳥浄御原宮で即位し、天武天皇となった。ここから「天皇」という称号を用いるようになり、すめらみことと呼んだ。

その後、天武天皇は、鸕野讃良皇女を皇后にした。

また天武天皇は太政大臣や左右大臣を置かず、天皇に権力を集中して、律令国家の確立を急いだ。

それから数年後、天武天皇は皇后と草壁皇子、大津皇子ら六人の皇子たちを吉野宮に呼び、互いに協力し合うことを誓わせた。

その後六八一年、天武天皇は草壁皇子（天武と皇后の子、二十歳）を皇太子に立てた。

そして二年後、一歳年下の大津皇子（皇后の子ではない）を国政に参画させた。

六八六年、天武天皇が崩御すると、皇后があとを継ぎ、持統天皇となった。

この直後、大津皇子の「謀反」が発覚し、大津皇子は自殺に追い込まれた。二十四歳だった。

八年後の六九四年、持統天皇は飛鳥浄御原《きよみはら》から藤原京に遷都した。

藤原京は条坊制にもとづく日本最初の都城で、夫の天武天皇から引きついだ大事業だった。

それから三年後、持統天皇は孫の軽皇子（亡き草壁皇子の子）に皇位をゆずった。

十五歳の文武天皇の誕生である。

大宝律令

「日本」という国号を規定

文武天皇は七〇一年（大宝元）元旦、藤原京で「大宝律令《たいほうりつりょう》」の完成を宣言した。これまでの律や令を集大成したもので、ここに国家の基本法が成立した。このなかで国号を「日本」と規定した。

この大宝律令の制定責任者は藤原不比等《ふひと》（中臣鎌足の子）だった。藤原不比等はこの後、強大な政治権力をにぎることになった。

大宝律令を制定して律令国家となった日本は、それを唐に報告する目的もあり、さっそく遣唐使を派遣することにした。

大使の上の執節使《しゅうせつし》の地位に粟田真人《まひと》が任命された。

粟田真人は、五十年前留学僧として唐に渡った道観《どうかん》で、道観は帰国後、還俗して官僚となり、朝廷の実力者になっていた。

この年（七〇二）五月、文武天皇が粟田真人に節刀を授与した。節刀を授けるということは、天皇の名代としてすべての権限を与えることである。

一行は難波を発ち、五月末、博多についた。そしてそろって博多を出帆したが、強風のため渡海することができず、博多に引き返してきた。

大宝次遣唐使（七〇二　粟田真人）

則天武后

翌七〇二年（大宝二）六月、使節団一行二百五十人が三隻の船に分乗して、ふたたび博多を出帆した。

執節使　粟田真人
大使　坂合部大分《さかいべのおおきた》
副使　巨勢邑治《こせのおおじ》

三隻とも東シナ海を横断する南路のコースを取り、無事、大陸の江南地方についた。

一行のなかには、下級官僚（少録）の山上憶良《やまのうえのおくら》や、留学僧で囲碁の名手の弁正もいた。

一行のうち、長安入京を許されたのは、三十人ほどだった。

粟田真人らは、年末までに長安につき、翌年（七〇三）元旦、恒例の朝賀の儀式に参列した。

唐の皇帝にとって、元旦の朝賀はもっとも重要な儀式である。皇帝が臣下や地方諸州の使者、外国の朝貢使などから新年の祝賀を受ける儀式だ。日本の遣唐使の目的のひとつがこれに参列することだった。

実はこのときの皇帝は、中国史上唯一の女帝、則天武后《そくてんぶこう》だった。国号も唐ではなく、周と改めていた。

唐の第三代皇帝、高宗の皇后だった則天武后（武照）は、高宗の死後、いったんわが子を即位させるが、その後、わが子、睿宗を廃して自ら皇帝となり、国号も周と改めた。

皇帝、則天武后は、粟田真人たちを長安の麟徳殿《りんとくでん》に招いて宴席を設けた。

唐の史書によると、粟田真人は立居振舞が立派だったようだ。

◇日本は大臣の粟田朝臣《あそん》真人を遣わして土地の産物を献上した。

彼は進徳冠（唐の冠）をかぶり、その頂には、花をかたどったものを四方に散らして付けていた。

真人は好んで経史を読み、文章をつくるのに精通しており、その立居振舞は温雅であった。

則天武后は彼を麟徳殿に招いて宴し、司膳卿《しぜんけい》の官職を授けて本国に帰らせた。

◇（２）

囲碁の弁正

玄宗皇帝との対局

今回の遣唐使の目的のひとつは、国号の「日本」を知らせることだった。唐の史書に書いている。

◇

日本国は倭国の別種である。その国が日の昇るところの近くに位置しているので、日本を国の名としたのである。

或いは、倭国の人々が、自らその名が雅《うるわ》しくないのを嫌って日本と改称したともいう。(⑱)

◇

一行のなかに長期留学僧の弁正がいた。

弁正は囲碁の名手で、長安ではよく宮中に呼び出され、同じ囲碁好きの李隆基(のちの玄宗皇帝)の相手をした。このとき李は十八歳だった。

囲碁は隋の時代に日本に伝わったもので、今と同じ十九路盤だった。

翌七〇四年(大宝四)七月、執節使、粟田真人たちの第一船は無事、筑紫に帰りついた(南路)。

ところが他の船は遭難し、副使の巨勢邑治は三年後、大使の坂合部大分にいたっては十四年後の帰国となった。

ところで、粟田真人とともに第一船で帰国した山上憶良は、在唐中、早く日本に帰りたくなったのか、次の歌を詠んだ。

いざ子ども早く日本《やまと》へ
　大伴の三津の浜松待ち恋ひぬらむ

山上憶良はその後、伯耆《ほうき》守、筑前守を歴任し、七十四歳で亡くなった。

平城京遷都

女帝元明天皇の時代

粟田真人が見てきた唐の都長安は、日本の新しい都藤原京とは大きな違いがあった。長安は東西九・七キロ、南北八・六キロの大きな都で、高さ五メートルの城壁で囲まれていた。そして百九の坊も、それぞれ壁で囲まれており、そのなかに住民が住んでいた。長安と藤原京のもっとも大きな違いは、宮城の位置である。長安の宮城は北の端にあるが、藤原京の宮城は中央にある。

そこで日本は都をつくり直すことにした。藤原京に遷都して十年にしかならないが、権力者藤原不比等が決断した。

ところで粟田真人らの帰国から三年後の七〇七年（慶雲四）三月、副使巨勢邑治らが帰国した。

このとき巨勢は、四十四年前の白村江の戦いで捕虜として長安に連れて行かれた日本人、三人を連れて帰った。三人とも七十歳前後になっていた。

文武天皇時代、絶大な政治権力をにぎった藤原不比等は、娘、宮子《みやこ》を文武天皇に嫁がせ、天皇家の外戚となった。

ところがこの年六月、文武天皇がとつぜん崩御した。二十五歳だった。文武天皇のあとは母親が即位した。元明天皇である。

そして七一〇（和銅三）年三月、元明天皇は新しい都、平城京に遷都した。

第五章

井真成の墓誌

霊亀次の遣唐使で、井真成とともに長期留学生として渡唐した吉備真備（『古今偉傑全身肖像：歴史対照』東京造画館、国立国会図書館蔵）

養老次の遣唐使（七一七　多治比県守）

船は大運河から長安へ

それから七年後の七一七年（養老元）三月、はじめて四隻の遣唐使船が難波を出帆した。

押使　多治比県守《たじひのあがたもり》
大使　大伴山守《やまもり》
副使　藤原宇合《うまかい》（不比等の子）

「押使」は前回の「執節使」同様、大使の上におかれた特別の地位である。

総勢五百五十七人が四隻の船に分乗して難波を出航した。そのなかに長期留学生の吉備真備《きびのまきび》、阿倍仲麻呂、井真成《せいしんせい》がいた（いずれも二十歳前後）。留学僧の玄昉《げんぼう》もいた。阿倍仲麻呂の傔人《けんじん》、羽栗吉麻呂《よしまろ》も従っていた。

傔人というのは大使、副使などの世話をする従者のことで、留学生、留学僧のなかにも傔人を伴っている者もいたようだ。

四隻は無事、長江の河口についた（南路）。

押使らはそこから大運河を北上し、十月、長安に到着した（大運河は隋の煬帝が完成させていた）。

玄宗の歓迎

儒学を志して唐へ

日本の遣唐使一行が長安につくと、玄宗皇帝は、遠くから大海原を渡ってきたのだから歓迎するように、と家臣に言った。

◇日本国は遠く海外にあるが、使いを遣わしてわが中国の朝廷にやってきた。大海原を渡り、さらに産物も献上してきたのである。◇

その使いである多治比真人県守らを、今月十六日、中書省の建物に人びとを参集させ、宴を催して歓迎せよ。④

長安で日本側は、まず、儒学の教えを受けたいと申し出た。唐の史書にこうある。

◇

日本は儒学の教えをうけたいと要請した。

そこで玄宗皇帝は、詔を下して、四門の助教の趙玄黙に鴻臚《こうろ》寺において教えさせた。

使者たちは玄黙に幅の広い布を贈って礼とした。

また使者たちは、皇帝からの贈物で書籍を買い、船に乗って帰国した。②

◇

「四門」とは、唐の六学（国子学、太学、四門学、律学、書学、算学）の学問所のひとつである。

日本が礼として贈った「布」は、日本で国民から徴収した税の調の布だった。

朝元の来日

弁正の二男が父に代わって帰国

翌七一八年（養老二）十月、江南地方を出航した遣唐使一行は無事筑紫に帰着し、十二月、平城京にもどってきた。

その後、多治比県守は参内して元正天皇（元明女帝の娘）に節刀を返上し、帰朝報告をした。

帰国した一行のなかに、朝元という十二歳の男の子がいた。朝元は十六年前、長期留学僧として入唐した弁正の二男である（長男は朝慶）。

囲碁の好きな弁正は、唐の宮中で後の玄宗の囲碁の相手をしているうちに、しだいに唐の貴族社会に深入りするようになり、遊びや交友の仲間が増えていった。

そしてついに僧籍をすて、還俗して唐の女性と結婚し、子供も生まれた。

本来、弁正は今回の遣唐使船で帰国する予定になっていたが、還俗して結婚したのでは、日本に帰ることはできない。

そこで、弁正が子供に日本を見せたいと思ったのか、子供自身が日本を見たいと思ったのか分からないが、子の朝元（弟）が来日することになったのである。

朝元は翌年、秦朝元として「忌寸《いみき》」の姓を賜わった。

忌寸の姓は天武天皇が定めた八色の姓《やくさのかばね》（真人《まひと》、朝臣《あそみ》、宿禰《すくね》、忌寸、道師《みちのし》、臣《おみ》、連《むらじ》、稲置《いなぎ》）のひとつである。

秦朝元はのち、日本と唐の間で大活躍することになる。

天平次の遣唐使（七三三　多治比広成）

過去最多の五百九十四人も

七三二年（天平四）九月、朝廷は安芸、近江などの国に四隻の遣唐使船の建造を命じた。

南路をとる遣唐使船は遣隋使船よりひとまわり大きく、長さ三十メートル、幅八メートルほどの大型船だった。二本マストの帆船だが、帆は竹の皮をうすくそいで編んだ網代帆だった。イカリは石だ。

遣唐使船は安芸国（広島）で建造されることが多かった。安芸はスギやクスなど、いい船材にめぐまれていたからだ。

翌七三三年（天平五）、大使に任命された多治比広成《ひろなり》（前回の県守の弟）は出航直前の三月、山上憶良邸に赴いて出発の挨拶をした。

山上憶良は三十年前、大宝次の遣唐使船で入唐した経験があり、そのアドバイスを受けたかったからだ（憶良はこの直後、死亡）。

そして四月三日、過去最多の五百九十四人が四隻の船に分乗して難波を発った。

第一船　大使　多治比広成

第二船　副使　中臣名代《なしろ》

第三船　判官　田口養年富《やねふ》

第四船　判官　紀馬主《うまぬし》

ほかに判官の平群広成《へぐりのひろなり》、秦朝元がいた。朝元にとっては、十五年ぶりの家族のところへの帰郷だ（このとき二十七歳）。

ところで、遣唐使船の乗組員の半数は船員（水手、水夫）である。北九州の人たちが多かった。その長を知乗船事《ちじょうせんじ》という。

高僧を求めて

農民の租税のがれ

この一行のなかに栄叡《ようえい》と普照《ふしょう》という短期留学僧がいた。ふたりは戒律の高僧を日本に招くという使命をおびていた。

当時、律令制下の農民は租、庸、調の租税や労役をのがれるため、寺に逃げこんで僧侶となる者が多かった。そして、その生活も乱れ、堕落していた。

そこで政権の中心にいた舎人《とねり》親王（天武天皇の子）は、戒律をきびしくして、農民がかってに僧侶になれないようにしようと考えた。

ところが当時、日本には、戒律にくわしい高僧がいなかった。そこで唐から伝戒の高僧を招いて、戒律を伝授してもらおうとしたのである。

四月三日に難波を発った四船は、七月のはじめ、そろって博多の津を出帆した。そして八月、五島の三井楽を出航し、西の大陸をめざした。

四船は順調に西航し、数日後、長江の河口、蘇州についた。

そこから江南の大都市、揚州に到着してしばらくすると、長安入京者を百名にする、との知らせがきた。

大使以下、一行百名は十月七日、揚州を発ち、大運河で長安をめざした。

長安に到着したのは、十二月のはじめだった。元旦の朝賀の儀式には、何とか間に合った。

井真成の墓誌

二〇〇四年に長安郊外で発見された

翌七三四年元旦、朝賀の儀式に参列するため、大使、多治比広成以下十五人が宮中に参内した。どういう訳か、日本の序列は最下位だったという。

その直後の一月七日、玄宗皇帝は長安から副都、洛陽に向かった。

実はこの日、日本人留学生の井真成が長安で急死した。三十六歳だった。

井真成は十七年前、霊亀次の遣唐使船で吉備真備《きびのまきび》や阿倍仲麻呂《あべのなかまろ》らとともに入唐した優秀な留学生だった。

唐では井真成《せいしんせい》と言われたが、本名は井上真成《まなり》か葛井《ふじい》真成だったようだ。

井真成は、今回の遣唐使たちの長安到着を知っており、いっしょに帰国できることを楽しみにしていた。病死だったというが、死因はよく分かっていない。

哀れに思った玄宗皇帝は、亡くなった井真成に官位を与え、ていちょうに葬儀を営ませた。

実は最近(二〇〇四年〈平成十六〉)、西安市(長安)の郊外で工事中、偶然、井真成の墓誌が発見された。

墓誌というのは、遺体とともに墓に埋葬される本人の生前の記録である。

井真成の墓誌は、タテ・ヨコ四十センチの小さな石板(正方形)に書かれていた。

◇

公、姓は井、字は真成という。

祖国は日本で、天賦の才能が認められ、選ばれて遠国の日本から国命を帯びてわが唐朝に馳せ参じた。

皇帝陛下（玄宗）はたいへん遺憾に思われ、特別の思し召しをもって官位の追贈を決められ、詔を下して尚衣奉御《ほうぎょ》を追贈し、葬儀は公葬で行なわせた。⒁

◇

葬儀は二月四日におこなわれたが、日本の遣唐使たちも参列したと思われる。そしてこの直後、一行は皇帝に謁見するため、洛陽へ急いだのである。

阿倍仲麻呂の帰国問題

玄宗皇帝が帰国を許可せず

七三四年二月二十日、遣唐使一行は副都、洛陽についた。

そして四月四日、大使以下十五名が宮中に参内し、玄宗皇帝に謁見した。大使は日本の国書を奉呈し、絁（絹織物）や銀などを献上した。

玄宗は、一行のなかに弁正の子（秦朝元）がいることを聞き、朝元を何度も宮中に招いた。そして、今は亡き弁正と碁を打った思い出ばなしを熱く語った。

その後、一行は帰国のため洛陽を発ち、八月、揚州にもどった。そのなかに秦朝元の姿もあった。朝元は日本で結婚していたのだ。

そして前回（七一七年）入唐した吉備真備と元昉も帰国することになった。

実は彼らといっしょに入唐した阿倍仲麻呂も帰国を希望したが、高い官職に就いていたためか、玄宗皇帝が許可しなかった。

阿倍仲麻呂は入唐後、六学のひとつ太学で勉学にはげみ、数年後、科挙のなかでも最難関といわれる進士科にトップクラスで合格した（外国人でも科挙を受験することができた）。

そして順調に官職を昇進し、帰国予定のこの年は左補闕（皇帝の侍従役）にまで出世していた。玄宗は仲麻呂を信頼するあまり、日本に帰したくなかったのだ。

日本に帰れなくなり、親孝行できなくなった仲麻呂は、無念の詩をつくった。

報恩無レ有レ日（親の恩に報いる日はない）

帰国定何年[二一]（帰国はいつになるのか）

阿倍仲麻呂は、自分の代わりに、長年、従者として世話をしてくれた羽栗吉麻呂を帰国させることにした。

羽栗吉麻呂は入唐の翌年、唐の女性と結婚し、翼《つばさ》、翔《かける》というふたりの男の子をもうけていた。吉麻呂は、このふたりの子供をつれて帰国することにした。子供はこのとき、十五、六歳だったと思われる。

なお、戒律の高僧をもとめて入唐した栄叡と普照は、そのまま唐にとどまることになった。

すめらみことに勅す

玄宗皇帝からの国書

遣唐使一行は九月、揚州から蘇州にもどり、ここに全員がそろった。そして七三四年十月二十三日、四船同時に蘇州を出帆し、日本をめざした。

第一船　大使　多治比広成のほか秦朝元、吉備真備、玄昉、羽栗吉麻呂と翼、翔
〃二船　副使　中臣名代《なしろ》
〃三船　判官　平群広成
〃四船　判官　紀馬主《きのうまぬし》、田口養年富《やねほ》

ところが帰りの四船は、運命が大きく分かれた。

第一船は途中、漂流したが、一ヵ月後、無事、種子島に漂着した。そして大使らは翌年（七三五〈天平七〉）三月、平城京に帰りついた。

吉備真備と玄昉は、ぼう大な数の書物や経典を購入してもち帰った。ふたりはその後橘諸兄政権の顧問として、大きな政治権力をもつにいたった。

第二船は南方に流され、広州に漂着した。副使、中臣名代らは長安に舞いもどって、ふたたび玄宗皇帝に謁見し、事のてんまつを説明した。

その後、中臣らが帰国するとき、玄宗皇帝は、日本の主明楽美御徳《すめらみこと》（天皇）にあて

た国書（勅書）を中臣に託した。

◇

日本国王、主明楽美御徳に勅す。

彼は礼儀の国にして、神霊の扶《たす》くる所なり。

真人広成（大使）等、入朝して東帰するに、初め江口を出ずるや雲霧たちまち暗く、向うところ方を迷う。にわかに悪風に遭い、諸船ひょうとうす。

卿らの忠信、則ちあきらかなり。何ぞ神明にそむかんや。卿および首領、百姓、平安にしてよきや。（2）

◇

「天皇」の用語を使っていないのは、日本側が使わなかった（使えなかった）からだ。また「勅」とか「卿」という用語は、相手を見下して臣下あつかいしたときの用語である。

中臣名代らは翌年（七三五年）十月、長安からふたたび江南地方に向かった。

そして年があけて二月、中臣らの第二船は明州を出帆した。こんどは順調に東航し、五月、博多に帰着した。

そして八月、中臣名代らは平城京に帰りつくことができた。第一船より一年半おくれての帰着だった。

平群広成の救助

漂着したベトナムから長安にもどる

第三船は、第二船の広州よりもっと南方の林邑国（ベトナム）に漂着した。乗組員百十五人のうち、ほとんどの者は風土病で死んだり現地人に殺されたりして、生きのこったのは判官平群広成ら四人だけだった。

しばらくして、四人は林邑国王に謁見した。平群らの林邑漂着を知った玄宗皇帝は、四人を唐に送り返すよう林邑国王に命じた。七三五年五月、広成ら四人は七ヵ月ぶりに出港地の蘇州にたどりつき、さらにその後、北上して長安にもどってきた。

第二船の中臣名代につづき、第三船の平群広成も長安に舞いもどってきたのだ。

玄宗皇帝が中臣名代に託した天皇あての国書のなかにも、平群広成救助のことが書かれている。

◇

朕は聞いている。平群朝臣等が漂流して林邑国に居るということを。彼の地は異国であるので、言語は通ぜず、掠奪を受けたということを。ある者は殺され、ある者は奴隷として売られてしまったということを。

彼らのことを思いながら聞くと、聞くに忍びないところである。

林邑国は日頃からわが唐朝に朝貢している国であるから、朕は安南都護府に勅令を下し、見つかった人びとを唐に連れ帰るよう命令を下したのである。

さらには、彼らの救出にいたる日まで、警護の官を出して保護に努めているところである。（③）

◇

長安にもどってきた平群広成は、翌七三六年正月、玄宗皇帝に謁見し、感謝の意を表明した。

◇臣広成、皇帝陛下の恩寵を以て九死に一生を得て、本日拝謁の栄に浴す。
◇臣広成、大唐皇帝陛下の大恩に謝す。

渤海国王に謁見

国賓待遇の大歓迎受ける

平群広成らは、渤海国経由で帰国することになった。渤海国と日本は、友好的な関係がつづいていた。

七三八年三月、広成ら四人は歩いて山東半島の登州まで行き、そこから船に乗って渤海国にはいった。四人は渤海国で国賓待遇の大歓迎を受け、渤海王宮で国王、大欽《だいきん》茂《も》に謁見した。

平群広成が上表文を奉読した。

◇

朝臣、広成もうす。日本国遣唐使四名、悪風によりて漂流し、林邑国より唐に到るも、帰国の途なし。

人ありて曰く、海東の盛国、渤海はその国王の徳、広大にして、義を重んじ情深しと。

ここに今、朝臣広成ら四人、海路陸路千万里を経て、渤海国、国王の謁見の栄に浴したり。

日本国天皇はかねてより、万国朋友と友好を望むこと切なり。隣国との友誼もこれ深く望む所。

今、朝臣広成ら、東をはるかに望むに望郷の念、停むることあたわず。以て今、国王の慈悲にすがるのみ、慈悲にすがるのみ。（③）

◇

渤海経由の帰国

第一船は波にのまれ全員死亡

翌七三九年五月、渤海国王は四人を王宮にまねき、盛大な送別の宴をもうけた。

そして七月、平群ら四人は渤海国の使節団（日本への）の船に便乗して吐号浦を出帆し、日本をめざした。

第一船　大使　胥要徳　四十人
第二船　副使　己珍蒙　五十人

平群広成ら日本人四人は、第二船に乗船した。

ところが、しだいに風が強くなり、海が荒れ、第一船は波にのまれてしまい、大使以下、全員死亡した。

なんとか転覆をまぬがれた第二船は、日本の吹浦《ふくら》（出羽国）に漂着した。

そして渤海国の副使たちと日本人四人は、出羽から平城京をめざして歩きだした。

そして十月、一行はやっと平城京にたどりついた。平群広成にとって、六年半ぶりの都だった。

平群広成は聖武天皇に謁見し、これまでのいきさつを報告した。

『続日本紀』によると、こうだった。

◇

広成の船百十五人、崑崙国（林邑国）に漂着す。そこに賊兵がやってきて、取り囲み、ついに捕われてしまった。

船人たちは、あるいは殺され、あるいは逃げ散る。そのほか九十余人、熱病（マラリアか）を患って死亡した。

広成ら四人のみわずかに生き残り、崑崙王に謁見することができた。そしてわずかな食料を与えられ、環境のよくない場所に置かれた。

翌年（七三五）にいたって、唐国に帰順している崑崙人がやってきて、その船に乗せてもらい、脱出、やっと唐国に帰りつくことができた。

そして日本の留学生、阿倍仲麻呂に会い、そのとりなしによって玄宗皇帝に拝謁し、渤海経由で帰国することを希望した。

玄宗皇帝はこれを許し、船と食料を与えて帰国させた。

◇

今回の遣唐使船四隻は、往きは順調だったが、復路は運命が分かれた。第一船、第二船は無事、帰国できたが、第三船は四人のみの帰国となった。そして第四船は、荒海にのまれ、全員、死亡した。

第六章

阿倍仲麻呂と鑑真

優秀すぎたゆえ、日本に帰れなかった阿倍仲麻呂（菊池容斎著『前賢故実』、国立国会図書館蔵）

栄叡と普照

三師七証のための高僧探し

ところで、戒律の高僧を招請する使命をおびて入唐した栄叡（興福寺）と普照（大安寺）は、その後どうなったのか。

ふたりはまず洛陽の福先寺にはいり、律宗の高僧、道璿《どうせん》から戒律を学んだ。しばらくしてふたりは、日本で戒律を伝授してほしい、と道璿に頼んだ。道璿はふたりの熱意に応え、中臣名代の船に乗って日本にやってきた。

しかし、戒律を授ける儀式をおこなうためには三師七証（三人の戒師と七人の証人）、つまり十人の高僧が必要である。栄叡と普照の高僧探しはまだまだつづく。

数年後、ふたりは洛陽から長安にうつった。しかし、日本に行ってくれる高僧はなかなか見つからない。

そのうち、江南の揚州にいるという鑑真《がんじん》の名前を耳にした。そこで七四二年十月、ふたりは長安から揚州に向かった。そして揚州の大明寺を訪ねた。

栄叡と普照は、日本に行ってくれる僧を紹介してほしい、と鑑真に懇願した。

鑑真は賛同し、多くの弟子たちに呼びかけた。しかし、日本に行くという僧侶はひとりもいなかった。

それを見て、鑑真は、諸君が行かないなら自分が行く、と断言した。すると多くの弟子たちが、自分たちも同行する、と申し出た。このとき鑑真は五十五歳になっていた。

鑑真の決意

失敗を重ねた日本渡航計画

鑑真は船の建造にのり出し、積極的に日本渡航の準備をはじめた。

ところが弟子たちのなかには、師の渡航に反対し、栄叡、普照を憎む者もいた。彼らは、密航計画があることを当局に密告した（七四三年四月）。

そのため鑑真の船は没収され、栄叡と普照は捕まってしまった（第一回失敗）。

数ヵ月後に釈放されたふたりは、ただちに鑑真のもとを訪れ、決して日本渡航をあきらめないよう懇願した。

鑑真の決意はゆるがなかった。鑑真は船を購入し、ふたたび準備に取りかかった。そして十二月、鑑真とその弟子、栄叡、普照ら一行百人あまりが船に乗りこみ、揚州を発った。船には食料品のほか仏像、仏具、経典、薬品、そして銭二万五千貫を積みこんだ。ところが強風のため船は南方に流され、杭州湾の舟山群島のちかくで座礁してしまった。

数日後、そこに役人の乗った警備の船が近づいてきて、一行を明州の阿育王寺につれて行き、収容した（第二回失敗）。

鑑真は、その後も日本渡航に執念をもやした。

しかし、鑑真を渡航させたくない僧侶たちは、翌年（七四四）、ふたたび当局に訴えた。その結果、またしても栄叡が逮捕された（第三回失敗）。

海南島に漂着

日本渡航ならぬなかの不幸

鑑真は、南方の福州から出航しようと考えた。そして弟子の法進《ほっしん》たちを福州に遣り、船や食料の準備を急がせた。

しばらくして鑑真は、栄叡（釈放されていた）、普照をはじめ、弟子たち三十人あまりとともに明州の阿育王寺を出て、陸路、福州に向かった。

ところがそのとき、揚州に残っていた弟子の霊祐が、一行の渡航計画をまたしても当局に通報したのだ。

そのため、福州に向かっていた鑑真一行は、追ってきた役人たちに捕まってしまった。そして、鑑真は元いた揚州に連れもどされ、以後、きびしく監視されることになった（第四回失敗）。

それから四年が経ち（七四八年）、栄叡と普照は鑑真のいる揚州に行き、なおも日本渡航を懇願した。

鑑真も熱意を失っていなかった。船を用意し、渡航準備をすすめていった。そして総勢六十七人がそろった。

一行は六月末、船に乗って揚州を出帆し、大洋に出た。ところが強風に遭い、船は南へ南へ流され、十月末、ついに海南島に流れついた（第五回失敗）。

海南島で鑑真たちは、土地の有力者の保護を受けた。

翌年（七四九）一行は陸路、揚州をめざすことになり、海南島を出て歩きはじめた。ところが広東省まで来たとき、栄叡が病のため死亡した。

ひとりになった普照は明州で鑑真たちと別れ、かつて世話になった阿育王寺に向かった。

鑑真はこの旅の途中、眼を痛め、手術に失敗して失明した。

そしてその後、一行は無事、揚州にもどった。

天平勝宝次（七五二　藤原清河）

さらなる遣唐使の派遣

七五〇年（天平勝宝二）、日本は次の遣唐使を任命した。大使は藤原清河《きよかわ》、副使が大伴古麻呂《こまろ》（旅人の甥）だった。藤原氏の最初の遣唐大使である。

藤原清河は時の権力者、藤原仲麻呂（恵美押勝《えみのおしかつ》）の従兄弟だった（清河は北家、仲麻呂は南家）。

ところが翌年（七五一年）、吉備真備がきゅうきょ副使に追加任命された。副使ふたりは異例の事態だ。

橘諸兄《もろえ》政権の中心にいた吉備真備は、その後の藤原仲麻呂の時代、筑前守、肥後守に左遷されていた。

だが吉備真備は、かつて留学生として十七年間、唐にいた経験があり、清河の補佐役として役に立つと考えたのだろう。真備はこのとき、五十九歳だった。

今回の遣唐使の大きな目的は、戒律の高僧を日本に招請することだった。栄叡と普照が入唐して、二十年ちかくになる。

そして七五二年閏三月、五百人が四隻の船に分乗して難波の津を出航した。

大使　藤原清河
副使　大伴古麻呂
〃　　吉備真備

大使の藤原清河は、吉備真備より二十歳以上も若い三十七歳だった。

四隻は六月、博多の津を発ち、順調に航海をつづけ、七月、無事、杭州湾の明州に到着した。

このとき明州の阿育王寺にいたのが普照である。普照は、日本の使節団が明州に到着したことを知り、駆けつけた。

そして普照は、揚州にいる高僧、鑑真のことをくわしく話したようだ。

大使藤原清河は、鑑真たちを帰りの船に乗せ、いっしょに帰国することを決意した。

新羅と席次争い

大伴古麻呂の猛抗議の末、席次入れ替わる

藤原一行は大運河で北上し、年末、長安にはいった。そして、大明宮《だいめいきゅう》で玄宗皇帝に謁見した。

大明宮は、長安城外（北側）に新たに造営した離宮で、そのなかの最大の宮殿が含元殿である。

謁見のあと、阿倍仲麻呂の案内で、一行は宮殿をはじめ、長安城内を見学してまわった。

七五三年元旦、含元殿で恒例の朝賀の儀式がおこなわれたが、その直前、席次をめぐる大問題がおきていた。

予定では東列の第一席は新羅、第二席が大食国（アラビア）、西列の第一席は吐蕃国（チベット）、第二席が日本だった。

これに日本の副使、大伴古麻呂が猛抗議した。新羅は長年、日本に朝貢しているのだから、席次が日本の上に来るのはおかしい、という理屈だ。

日本の抗議の結果、新羅と日本の席次がそっくり入れ替わり、日本が東列の第一席、新羅は西列の第二席となった。

『続日本紀』によると、大伴古麻呂は帰朝後、得意気にこう報告した。

◇

この日、我（日本）を以て西畔第二、吐蕃の下におき、新羅を以て東畔第一、大食国の上におく。

古麻呂、論《あげつら》ひて曰はく、

「古より今にいたるまで、新羅の日本国に朝貢すること久し。しかるに今、東畔の上に列し、我かへりてその下に在り。義《ことわり》、得べからず」と。

即ち、新羅使を引きて西畔第二、吐蕃の下におき、日本使を以て東畔第一、大食国の上におく。

◇

新羅征討計画

険悪になった日本と新羅の関係

実はこのころ（奈良時代）、日本と新羅の関係は険悪だった。

古来、朝鮮三国は日本に朝貢していた。もちろん新羅も朝貢使や人質を日本に派遣していた。

その後、新羅は唐と連合して百済をほろぼし（六六〇年）、白村江で日本軍を破ったが（六六三年）、実はそれ以後も、新羅は毎年、日本に朝貢使を派遣していた。

その後、朝鮮半島の支配権をめぐって唐と新羅が対立し、戦うようになると、新羅はさらに朝貢をつづけ、日本に救援を要請してきた。

ところが六七六年、新羅が朝鮮半島を統一し、唐もそれを認めるようになると、新羅は日本に対して、対等の外交関係を要求するようになった。

そして国書の内容を変えたり、身分の低い者を派遣したり、あるいは使者を派遣しなくなったりした。

こうして日本と新羅の関係が悪化した結果、日本の遣唐使船はこれまでの北路を通

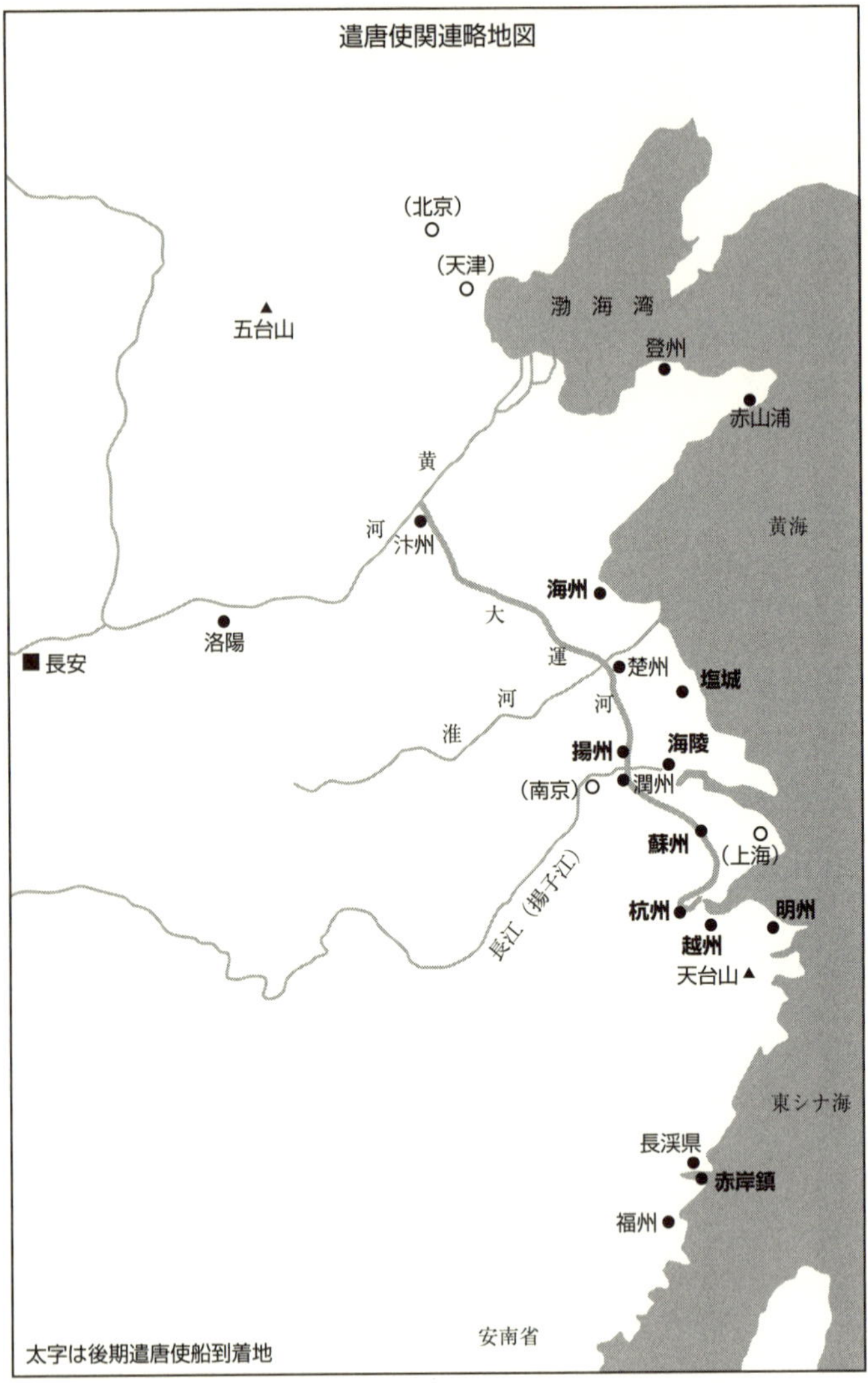

櫻井隆『勝宝の遣唐使』より

れなくなり、東シナ海を横断する危険な南路を取ることになったのである。

奈良時代、新羅に派遣した日本使節が追い返されたことがある。時の権力者、藤原仲麻呂は怒り、新羅の「無礼」に対して、兵四万人からなる新羅征討計画を立てた。

唐の朝廷で日本と新羅の席次問題が勃発したのは、こういう時期だった。ところが七六四年、藤原仲麻呂が失脚したことにより、新羅征討計画は中止となった。

阿倍仲麻呂、帰国へ

鑑真の日本行き懇願成功

七五三年八月、藤原清河一行は帰国のため、長安を後にした。そのなかに阿倍仲麻呂の姿があった。

入唐して三十六年。五十六歳になる仲麻呂の帰国へのつよい熱意を受け、玄宗皇帝も今回、ついに帰国を認めた。ただ、使節団を日本に送りとどける唐の送使としてであった。

玄宗皇帝は仲麻呂の送別の宴を主催し、別れを惜しんだ。また親しかった詩人の王維らが、送別の詩をつくって仲麻呂に贈った。

遣唐大使、藤原清河は長安を発つとき、揚州の鑑真を日本に招請したい、と玄宗皇帝に申し出た。

ところが道教を布教したい玄宗は、道士（道教）をいっしょにつれて行くことを条件とした。

しかし、日本は道教を受け容れていない。道士をつれて行くことはできない。ていちょうに断わり、その代わり鑑真の招請も取り下げるしかなかった。

そして十月、一行は鑑真のいる揚州についた。

鑑真をあきらめきれない大使の藤原清河は、副使の大伴古麻呂、吉備真備、そして阿倍仲麻呂らとともに延光寺の鑑真を訪ねた。そして、自分たちの帰航船でいっしょに来日してほしい、と懇願した。

鑑真は日本行きを決断した。そして、きゅうきょ経典などを荷づくりし、四日後、二十四人（そのうち尼三人）の弟子たちとともに揚州を発ち、出航地の蘇州に向かった。

鑑真の乗船問題

大伴古麻呂の独断で第二船に

大使、藤原清河は、蘇州で鑑真たちを大使の第一船に乗せた。

ところが最後の最後になって藤原清河は、皇帝の許可しない鑑真の密出国のことが心配になってきた。藤原清河は、たいへんな外交問題になることを恐れた。

船上で幹部会議がひらかれた。結局、藤原清河は、鑑真たちを下船させることにした。

このとき、大使はこう言った。

◇

ちかごろ当局が、和上（鑑真）がまた日本へ向かおうとするのを嗅ぎつけて、船を捜査しようとする形跡がある。

もし密航者が発見されたら、国の外交使節としてまことに由々しい結果になる。

また風で唐国の領界に吹きもどされでもしたら、刑事上の問題をひき起こすことになる。（㉒）

◇

だが、いったん乗船させた鑑真たちを下船させたことに、副使の熱血漢・大伴古麻呂が怒った。

十一月のある夜、大伴古麻呂は、独断で鑑真たちを自分の第二船に乗せた。

その後、普照も明州の阿育王寺から蘇州にやってきた。

そして十一月十五日の夜（満月）、阿倍仲麻呂がふるさとの山を想いながら和歌を詠んだ。

天の原ふりさけ見れば春日なる
三笠の山に出でし月かも

蘇州を出航

第一船の遭難

翌十一月十六日、四船はいっせいに蘇州を出航した。

第一船　藤原清河　（大使）　阿倍仲麻呂
第二船　大伴古麻呂（副使）　鑑真
第三船　吉備真備　（〃）　普照
第四船　布施人主《ひとぬし》　（判官）

数日後、第一船、第二船、第三船はあいついで沖縄に到着した。そして十二月のはじめ、三隻はそろって沖縄を発ち、日本をめざした。

ところが、なぜか第一船だけは東シナ海を漂流し、そして南へ南へ流され、ついにベトナム北部に漂着した。

ところが唐では、仲麻呂（朝衡）が遭難して死んだらしいというウワサが広がり、諸国放浪中だった友人の李白が、朝衡の死を悼んで詩をつくった。

　明月不㆑帰沈㆓碧海㆒（明月は朝衡のこと）

しかし、仲麻呂は生きていた。

乗組員百八十人のほとんどは現地人に殺害されたが、大使の藤原清河と阿倍仲麻呂ら十数人だけは助かり、一年半後（七五五年六月）、何とか長安にもどって来ることができた。

その後、藤原清河は朝廷の要職に迎えられ、また阿倍仲麻呂も、元の要職に就くことができた。

その後ふたりとも帰国のチャンスはなく、遠い異国の地でその生涯を閉じた。

仲麻呂と鑑真の運命

念願の日本上陸を果たした鑑真

鑑真の乗った第二船は沖縄出航の翌日、屋久島につき、そして十二月二十日、薩摩の坊ノ津（秋目）に漂着した。こうして鑑真は、念願の日本上陸を果たすことができたのである。

もし鑑真が第一船に乗っていたら、日本に上陸することはできなかった。阿倍仲麻呂と鑑真は、同時に出航して運命が別れた。

普照の乗った第三船は屋久島から東に流され、紀伊の白浜に漂着した。

第四船は蘇州を出帆してまもなく、船火事をおこした。このとき肥前松浦のかじ師（操舵長）川部酒麻呂《さかまろ》が大活躍し、火傷を負いながらもかじを放さず、船をまもり通した。

『続日本紀』によると、こうだった。

◇

帰る日、順風さかんに吹くとき、にわかにとも（船尾）に失火し、その炎、へさき（船首）を覆ひて飛ぶ。

人、皆おびえ、あわてて、はかりことを為すことを知らず。時に酒麻呂かいかじをめぐらす。火すなわち傍《かたわら》より出で、手焼けただれたりといえども、かいかじを把《と》りて動かず。

◇

船はその後、大陸に引き返し、修理のあと改めて再出航した。そして翌七五四年四月、無事、薩摩の石垣浦についた。

鑑真来日

多くのものを日本にもたらした鑑真

薩摩の坊ノ津についた鑑真は翌七五四年（天平勝宝六）二月、思託、法進ら十七人の高僧（そのうち尼僧三人）を引きつれ、平城京に入京した。

授戒の儀式は三師七証（十人）の高僧が立ち合っておこなわれるので、これ以後、日本でも授戒ができることになった。

入京の翌日、先に来日した道璿が鑑真のところに挨拶にきた。また政界の実力者、藤原仲麻呂（大納言）もやってきた。実は仲麻呂の第六子、刷雄《さつお》も、鑑真と同じ船で帰って来た。

藤原刷雄は学問を学ぶために入唐した留学生だったが、唐で鑑真に接しているうちに出家し、延慶《えんけい》と名のっていた。

鑑真は来日に際し、多くのものを日本にもたらした。天台法華経をはじめ多くの経典類、薬師如来像、阿弥陀如来像などの仏像、さらに香辛料や医薬品など、多種多様にわたっていた。

鑑真のもたらした天台法華経を読み、研究して、天台宗の聖地、天台山に行きたいと念願したのが最澄である。

入京した鑑真はさっそく東大寺に仮の戒壇を設け、聖武上皇、光明太后、孝謙天皇をはじめ、数百名の人びとに戒を授けた。

そして翌年（七五五〈天宝勝宝七〉）、鑑真は東大寺に戒壇院を設立し、正式に授戒の儀式をはじめた。そしてこれ以後、戒を受けた者だけが僧と認められることになった。

数年後、鑑真は平城京内に土地一画を与えられ、そこに「唐律招提」という寺を建てた。これが後の「唐招提寺《とうしょうだいじ》」である。

大伴古麻呂のその後

ところで、独断で鑑真を自分の船に乗せて帰国した副使の大伴古麻呂は、その三年後（七五七〈天平宝字元〉）、橘奈良麻呂（諸兄の長男）と組んで、時の権力者、藤原仲麻呂を排除しようとした。

しかし、発覚して失敗、大伴古麻呂は橘奈良麻呂とともに殺された。

第七章

藤原清河の娘、喜娘

日本への帰国を果たせなかった藤原清河（菊池容斎著『前賢故実』、国立国会図書館蔵）。代わりに娘の喜娘が渡日した。

天平宝字次（七五九　高元度）

特別の遣唐使

翌七五八年（天平宝字二）、渤海国の使者、楊承慶《ようしょうけい》が日本にやってきた。その情報により、遭難したと思われた遣唐大使、藤原清河や阿倍仲麻呂らが、長安に舞いもどって生きていることが分かった。

そこで彼らを帰国させるため、朝廷は特別の遣唐使を派遣することにした。

そして翌年（七五九）二月、高元度《こうげんど》以下九十九人が一隻の船に乗って日本を発った。

大使　高元度
判官　内蔵全成《くらのまたなり》
録事　羽栗翔《はくりのかける》

羽栗翔は、阿倍仲麻呂の従者だった羽栗吉麻呂の二男で、二十五年前、父や兄（翼）とともに日本にやってきた。その後、兄弟ふたりとも官吏に登用された。

今回の遣唐使は、楊承慶を渤海国に送り、渤海国経由で入唐することにした。したがって、出港地は日本海側の港だった。

高元度一行は朝鮮半島の東側を北上し、渤海国にはいった。

清河と仲麻呂の帰国問題

危険ななかでの入唐、帰国

渤海国で高元度が、唐に渡りたいので支援してほしい、と要請した。するとと渤海国王が、唐は今反乱（安史の乱）がおきて大混乱しているから、危険だと言った。

安史の乱というのは、七五五年、安禄山《あんろくざん》と史思明《ししめい》が玄宗皇帝に反旗をひるがえして決起し、洛陽と長安を攻めおとした事件である。

玄宗皇帝は楊貴妃や側近をつれて長安を脱出したが、そのなかで楊貴妃は殺害された。

しかし日本側が、つよく入唐支援を要請すると、しばらくして国王が、全員で行くのは危険だから十一人だけにせよ、と言いわたした。

そこで高元度、羽栗翔ら十一人だけが楊承慶の案内で入唐することになった（楊は渤海国から唐への使節を兼ねた）。

そのため、残りの八十八人はこの年の暮れ、日本に帰ってきた。

高元度一行は黄海を船でわたり、山東半島の登州に上陸した。そして、そこから長安をめざした。

長安についた高元度は、藤原清河と阿倍仲麻呂の帰国を当局に働きかけた。しかし唐帝粛宗は、危険だとしてそれを許さなかった。高元度は、ふたりに会うこともできなかった。

だが粛宗は一行を安全に帰国させるため、運河で江南の蘇州まで送らせ、そこで大きな船をつくらせ、そして日本に送り返した。

一行十人が平城京に帰りついたのは、二年半後の七六一年八月だった。

長安に入京した十一人のうち、羽栗翔だけは母親のいる長安に残った。

称徳天皇と道鏡

天武から天智へ（皇位の系統の変遷）

翌年（七六二）四月、法相宗の僧、道鏡が、近江の保良《ほら》宮で療養中の孝謙上皇（女帝）の病気を「秘法」で治した。このとき上皇は四十五歳だった。

この直後、孝謙上皇は平城京内にもどり、国家の大事は自分がおこなう、と宣言した。淳仁天皇から皇位をうばい取るつもりのようだ（孝謙女帝は四年前、淳仁天皇に譲位していた）。

その後、道鏡は少僧都《しょうそうづ》に昇進した。

そして七六四年、孝謙上皇はいよいよ天皇位に復位する決意をかためた。これに反対したのが藤原仲麻呂（恵美押勝）である。これが仲麻呂の謀反、反逆ということになり、仲麻呂は近江に逃げたが捕まり、妻子とともに斬られた。

この直後、淳仁天皇は淡路に幽閉された。そして孝謙上皇が復位し、称徳天皇となった（重祚）。

翌年（七六五）、道鏡は太政大臣禅師となり、その後、法王に昇進した。

また藤原仲麻呂追捕に功績のあった吉備真備は太政官の参議となり、その後、大納言から右大臣に昇進した。ところが称徳天皇は即位して六年後（七七〇年）、あっけなく崩御した。五十三歳だった。そのため、天皇の後ろ盾を失った道鏡も失脚し、下野国の薬師寺に追放された（三年後に死亡）。

称徳天皇のあとは天智天皇の孫、白壁王が即位して光仁天皇となった。

これにより、天武の系統は絶え、皇位は天智の系統にうつった。

佐伯今毛人、節刀返上

藤原清河帰国のために再度遣唐使派遣

七七六年（宝亀七）、光仁天皇は次の遣唐大使に佐伯今毛人《いまえみし》を任命し、節刀を授けた。

そして四月、大使以下五百人が四隻の船に分乗して難波を出航した。今回の派遣も藤原清河を帰国させることが最大の目的だった。

光仁天皇は、藤原清河にあてた書状を佐伯に託した。『続日本紀』によると、その内容は……、

◇

汝、使を絶域に奉けたまわりて、久しく年所を経たり。忠誠、遠くあらわれて、消息、聞こゆることあり。故に今、聘使《いし》によりて、すなわち迎えしむ。よりて絁百匹、細布百端、砂金百両を賜ふ。

よく努めて、使者とともに帰朝《かえ》るべし。

◇

一行は博多の津を発ち、五島列島の合蚕田《あいこだ》（青方）まで来て順風を待ったが、いい風が吹かず、そのまま博多にもどってきた。そして八月、大使の佐伯今毛人は、来年を待って渡海したい、と博多から朝廷に奏上した。

朝廷としては、認めるしかない。全員、博多で来年まで待機せよ、と返答した。

大使と副使の不和

ところが十一月、なぜか佐伯はひとりで平城京に舞いもどり、節刀を返上してしまった。

朝廷は、大使と副使との間に不和があると見て、副使の大伴益立《ましたち》を罷免し、新たに小野石根《いわね》と大神末足《すえたり》を副使に任命した。

宝亀次（七七七　小野石根）

トップの交替

翌七七七年（宝亀八）四月、ふたたび辞見の儀があった。辞見の儀とは、出発の挨拶と節刀授与の儀式である。大使、佐伯今毛人にふたたび節刀が授けられた。

ところが、佐伯は、出航地の難波に向かう途中、病と称して都に引き返してしまった。渡海したくなかったようだ。

そこで朝廷は、副使の小野石根に大使の権限を与え（副使のまま）、出航を命じた。

第一船　小野石根（副使）
第二船　大神末足（〃）　羽栗翼（准判官）
第三船　小野滋野《しげの》（判官）
第四船　海上三狩《みかり》（〃）

羽栗翼は、十八年前、入唐してそのまま唐にとどまった羽栗翔の兄で、今回、准判官として入唐することになった。五十九歳になっていた。

四隻の遣唐使船は五島の玉之浦を出帆し、七月のはじめ、相ついで揚子江の河口についた。乗組員は八月、全員、揚州の町で合流した。

揚州は江南地方の交通の要衝にあり、長安、洛陽に次ぐ唐第三の大都市である。

長安入京の苦労

そして十月、一行のなかの八十人が揚州を発ち、長安をめざした。ところがその途上、長安入京は二十人に限るとの新たな命令がとどいた。

おどろいた小野石根が交渉した結果、なんとか四十三人の入京が認められた。そのなかに羽栗翼もふくまれていた。

藤原清河の娘

藤原清河と阿倍仲麻呂の死

小野一行が長安に着いたのは、翌七七八年一月十三日だった。今回は、元旦の朝賀の儀式に参列することはできなかった。二日後、小野石根たちは大明宮の宣政殿に出向き、国信（朝貢品）と別貢（献上品）を差し出した。

その後、三月、小野たちは大明宮の延英殿で皇帝代宗に謁見した。そして、歓迎の宴が設けられた。その席で小野石根は、藤原清河と阿倍仲麻呂が亡くなったことをはじめて知った。

清河の娘、喜娘の訪日

遣唐大使、藤原清河は遭難して長安に舞いもどったあと、唐女と結婚したようだ。

そして、喜娘《きじょう》という娘が生まれた。

喜娘は父、清河から日本のことをいろいろ聞いていたに違いない。今回、日本の遣唐使一行がやって来たことを知ると、喜娘は、日本に行きたい、と皇帝代宗に申し出た。そこで代宗は、喜娘を日本につれて行ってくれるよう小野石根に頼んだ。喜娘はこのとき、十代後半だったと思われる。

そして唐の朝廷は、日本使節団および喜娘の送使として高官、趙宝英を指名した。日本側はこまった。唐の使者を迎えると、いろいろ難しい問題があるからだ。かつて怒って帰ってしまった使者もいる。

日本側は送使におよばず、と辞退したが、聞き入れられなかった。

唐使の遭難

第一船が壊れ、多数が死亡

四月末、一行は長安をあとにして、揚州に向かった。そして九月から十月にかけて、四船は相ついで揚州を出帆した。

第一船　小野石根　趙宝英　喜娘
第二船　大神末足《おおみわのすえたり》　羽栗翼
第三船　小野滋野
第四船　海上三狩《うなかみのみかり》

羽栗翼は四十三年ぶりに入唐したが、母親や弟（翔）と再会できたかどうか、分かっていない。

翼は在唐中、医学や薬学を学び、帰国後は桓武天皇の侍医となり、最後は正五位上に昇進し、八十歳まで生きた。

ところで四船は揚州を出帆したが、その後、しだいに風がつよくなり、海は荒れ、四船、散り散りになった。そして十一月八日の夜、第一船が壊れはじめた。海水が船に満ち、多くの者が海に投げ出された。

日本と唐の最高責任者、小野石根と趙宝英も海に飲みこまれた。

このときの死者は、日本側が小野以下三十八人、唐使側は趙以下二十五人、合わせて六十三人におよんだ。

喜娘を救助

第三船は五島福江に漂着

三日後の早朝、第一船はとうとうへさき（船首）ととも（船尾）のふたつに折れてしまった。ともに乗っていた五十六人は、その後、薩摩の甑島《こしきじま》に漂着した。

いっぽう、へさきの方に乗っていた四十一人は、肥後の天草についた。そのなかに藤原清河の娘、喜娘もいた。喜娘を救ったのは、いっしょに乗っていた判官、大伴継《つぐ》人《ひと》（古麻呂の子）だった。そのときの悲惨な情況を継人が報告している。太陽暦十二月五日のことだ。

◇

十一月八日の夜（午後八時ごろ）、風はげしく波高くして左右の棚、船板を打ち破り、水、船に満つ。

甲板ことごとく流れ、人、物ただよい、米、水を残すことなし。

副使、小野石根ら三十八人、唐使、趙宝英ら二十五人、同時に海没して救うことを得ず。ただ臣（私）ひとりのみ潜り行きて、へさきのてすりの角にたどり着く。

十一日、早朝（午前四時ごろ）、帆柱が船底に倒れ、船体はふたつに断たれ、へさき、ともおのおの流れ、到るところを知らず。

四十余人はへさきに重なり、へさきは没まんとす。そこでともづなを断ち、かじを投げ捨て、少しく浮き上ることを得。そして衣裳を脱ぎ捨て、裸身にして六日を経たり。

そして十三日の夜、肥後、天草の西仲嶋（長島）に漂着す。（『続日本紀』）

◇

四船の行方

このように第一船は壊滅的だったが、第二船は無事、薩摩の出水《いずみ》郡にたどりついた。

そして第三船は、五島の福江島に漂着した。

第四船は済州島に漂着した。そして、判官の海上三狩らは当局に捕えられた。しかし四十人あまりはすきを見て船で逃げ、薩摩の甑島にたどりついた。残りの海上三狩らは、翌年、日本に送り返された。

孫興進の応対

光仁天皇への謁見

唐使の最高責任者、趙宝英は死んだが、他の船に乗っていたナンバー2の孫興進《そんこうしん》らは、何とか日本にたどりついた。

彼らをどう迎え入れ、どういう外交儀礼をとるべきか、朝廷は悩んだ。唐使の受け入れには神経を使う。

朝廷内で激論が交わされた。結局、日本は唐の冊封を受けてはいないが、朝貢国として失礼のないようにしよう、ということになった。

翌年（七七九〈宝亀十〉）四月三十日、孫興進一行は騎兵二百の出迎えを受け、平城京に入った。そして五月三日、孫興進は光仁天皇に謁見し、皇帝の書を奉った。天皇は、一行が命がけの航海で来日したことを知り、ねぎらいのことばをかけた。半月後、朝廷はふたたび孫興進らを招いた。このとき石上宅嗣《やかつぐ》（中納言）と孫興進の間で次のようなやり取りがあった。

石上「唐朝の天子および公卿、国内の百姓、平安なりや否や」

孫　「臣等、来《きた》るとき、本国の天子および公卿、百姓、これ平けく好し」②

喜娘の帰国

五月二十五日、唐使、孫興進らは帰国のため光仁天皇に辞見の挨拶をした。実は孫は日本の朝廷から位階を受けそうになったので、帰国を急いだようだ（受けたら日本の臣下になる）。

そして二日後、孫興進一行は平城京を発ち、帰国の途についた。そのなかに藤原清河の娘、喜娘もいた。喜娘が父の国日本に滞在したのは、わずか半年間だった。

藤原種継の暗殺

高鶴林の入京

孫興進が帰国したあと、おくれて唐使ナンバー3の高鶴林《こうかくりん》がやってきた。高鶴林は海上三狩の第四船に乗って済州島に漂着し捕まったが、その後、三狩らとともに解放され、日本に送られた。

高鶴林も平城京で日本朝廷の大歓迎を受けた。

高鶴林は鑑真の名を知っており、鑑真に会いたいと望んだが、鑑真はすでに亡くなっていた。

高鶴林は翌年（七八〇〈宝亀十一〉）帰国したが、孫興進のときも高鶴林のときも、日本の送使が唐まで送っていった。

桓武天皇の即位。長岡京、平安京への遷都

翌七八一年（天応元）四月、光仁天皇は子の山部親王に譲位し、桓武《かんむ》天皇が即位した。

三年後の七八四（延暦三）年、桓武天皇は天武系の都平城京をすて、北の長岡京に都を遷した。この長岡京の造営責任者は、天皇の信頼があつい藤原種継だった。実は藤原種継は、あの日唐混血の秦朝元の孫（娘の子）だった。朝元の娘は藤原氏に嫁いでいた。

ところが藤原種継は翌年（七八五〈延暦四〉）、長岡京を視察中、とつぜん矢を受け、暗殺されてしまった。

犯人は七年前、第一船に乗って喜娘とともに命がけで帰国した判官、大伴継人だった。継人は斬罪に処せられた。

その後、桓武天皇は七九四（延暦十三）年、さらに北の平安京に都を遷した。

第八章

最澄と空海

空海。わずか一年で密教の神髄に到達し、帰国後金剛峰寺を開いた。
（松平定信編『集古十種．古画肖像之部　上』国立国会図書館蔵）

延暦次（八〇四　藤原葛野麻呂）

平安遷都後はじめての遣唐使派遣

八〇三年（延暦二十二）、平安遷都後、はじめての遣唐使派遣が決まった。

そして三月、桓武天皇は藤原葛野麻呂《かどのまろ》（大使）と石川道益《みちます》（副使）を招いて節刀を授け、祝いの酒宴をもうけた。

四月の半ば、四隻はそろって難波津を出航した。ところが瀬戸内海を航行中、しだいに風がつよくなり、船は壊れ、海に投げ出される者もいた。

そこでこの年は派遣を中止して、船を修理することにした。大使、藤原葛野麻呂は、節刀をいったん天皇に奉還した。

翌八〇四年（延暦二十三）三月、桓武天皇は改めて大使と副使を招いて節刀を授け、餞別の宴をもうけた。

そして五月、一行は四隻の船に分乗して、ふたたび難波の津を出航した。

第一船　藤原葛野麻呂（大使）　空海　橘逸勢《はやなり》

第二船　石川道益（副使）　最澄
第三船　三棟今嗣《いまつぐ》（判官）
第四船　高階遠成《とおなり》（〃）　霊仙

最澄と空海

天台宗を学ぶため入唐した最澄

最澄は比叡山のふもとに生まれ、十九歳のとき東大寺で戒を受け、比叡山に入った。そして小さな草堂を建て、修業をはじめた。

その後、最澄は鑑真が唐からもたらした天台宗関連の経典や書物を学び、熱心に研究した。そして、天台宗の聖地、天台山で学びたい、と桓武天皇に入唐を希望した。このとき最澄は、宮中に奉仕する内供奉《ないぐぶ》（高徳の僧）だった。

こうして最澄は、留学僧として遣唐使一行に加わることになったのである。このとき三十九歳だった。

山岳修業をおこなった空海

いっぽう空海は四国の讃岐に生まれ、十五歳のとき都に出た。そして大学に入学して出世をめざしたが、その後、学業をすて、紀州や吉野の山で山岳修業をはじめた。

空海がどういう経緯で遣唐使一行に加わることになったのか、よく分かっていないが、このとき三十一歳だった。

留学生、留学僧には短期と長期があり、短期はその回の遣唐使一行とともに帰国する。つまり一年前後の滞在である。

長期は、次回の遣唐使がやってくるまで、おおよそ二十年前後の滞在となるが、不定期だ。

そして、三十九歳の最澄は短期留学僧、三十一歳の空海は長期留学僧だった。

福州に漂着

四船そろって五島列島田之浦を出航

五月に難波津を発った藤原一行は博多津を出帆したあと、五島列島の田之浦（玉之浦）で風待ちをした。

そして七月のはじめ、四船はそろって田之浦を出航し、唐をめざした。

ところが、まもなく強風が吹き、海は荒れ、第一船と第二船はなんとか唐にたどりついたが、第三船と第四船は北九州に舞いもどり、この年の出航をあきらめた。

第一船の航海記

大使の藤原葛野麻呂や空海らが乗った第一船は八月、台湾の対岸、福州に漂着した。

空海はのち、このときの航海をこう書いている。

◇

藤原葛野麻呂らは身命を省みず、勅命に従ひ、死の危険を冒して渡海の人となりました。

日本を離れて航路の半ばに及んだころ、暴風雨に遭って、帆には穴が開き、暴風が舵《かじ》をへし折ってしまい、高波が夜空高くふりそそいで、小さな遣唐船はきりきり舞いをしました。

暴風雨に顔をしかめながら、大亀の餌食《えじき》になるかと憂い、巨大な高波に眉をひそめては鯨の餌食になるかと心配したことです。

浪のまにまに浮き沈みつつ、風の吹くままに南北に流されて、その間ただ空と海との青い色が見えているのみで、山や谷に立つ白い霧を見ることはありませんでした。

波の上を風にまかせて二月あまり、飲み水は尽き、人々は疲れきり、海路は長く、陸は遠いことでした。

空を飛ぼうにも羽はなく、海を泳ごうにも鰭《ひれ》はなく、疲れきったさまは例えようもありません。

やっと八月の初め、雲のかかった峰が見えたときは、喜びこの上もありませんでした。

赤ん坊が母親に会えたのよりも、日照りの中の苗が長雨に会えたのよりも、もっとうれしいことでした。

藤原葛野麻呂らは数えきれない程に死にいたる危険を冒しましたが、こうして生きて再び日の目を見ることができました。⑯

◇

空海の代筆

日本の大使一行と信じてもらえなかった文書

福州についた大使の藤原葛野麻呂は、地元の福州長官に文書を送った。ところがその文書がまずかったのか、日本の大使一行だと信じてもらえなかった。一行は怪しまれ、全員、船から砂浜に降ろされた。こまった大使の葛野麻呂が、空海に対して、福州長官あての文書を代筆してくれるよう頼んだ。そのことを空海が書いている。

◇

大使が自ら親書をつくって長官に送った。長官はその文章をひらいて見ただけで捨ててしまった。このように文書を送ることが二度、三度とくり返された。彼らは船を閉じてしまい、一行を追いやって湿った砂べりに居らせた。

このとき、大使が私に、

「今や事態はきわめて憂うべきときです。貴僧は名文能筆の人であられます。私に代わって文書を差し出して下さい」

と申された。(②)

◇

空海の名文能筆で大使一行と認められる

そこで空海が文書を書いて長官に渡すと、はじめて日本の大使一行であることが認められ、長安の中央政府に報告してくれたという。

空海の「名文能筆」は、それほどすぐれていたということだろう。

おくれて出航

第一船、第二船は先に来唐、帰京

十一月のはじめ、大使、藤原葛野麻呂ら二十三人は福州を発った。杭州までは馬で、その先は運河ですすみ、遠い長安をめざした。

一行は正月元旦の朝賀の式典に間に合わせるため、昼夜を問わず、急ぎに急いだ。そして十二月二十三日、一行は長安についた。そのなかに空海と橘逸勢もいた。大使たちは二日後、唐帝、徳宗に謁見した。

副使、石川道益や最澄たちの第二船は明州（寧波）についた。ところがその直後、副使の石川道益が急死した。死因は分からないが、三十三歳だった。その後は判官の菅原清公（道真の祖父）が副使を務めることになった。

菅原清公たちは、大使たちより早く、十一月の半ばに長安についた。ただ最澄は長安に同行せず、明州から直接、天台宗の聖地、天台山（台州）の国清寺に向かった。

元旦（八〇五年）の朝賀の式典に参加した大使、藤原葛野麻呂は、二月十日、長安を発ち、出航地の明州に向かった。長期留学僧の空海は、そのまま長安に残った。

四月のはじめ、大使一行は明州に到着した。そして五月、第一船、第二船そろって明州を出帆した。短期留学僧の最澄も、もちろん乗船した。

航海は順調だった。第一船は六月、対馬の厳原《いずはら》につき、第二船も北九州に到着した。

その後、大使、藤原葛野麻呂は、朝廷に参内して節刀を奉還した。

第三船、第四船はおくれて出航

ところが、そのことを知らない第三船（三棟今嗣）と第四船（高階遠成）は、大使の帰朝報告の数日後、平戸島を出帆し、唐をめざした。

第四船は渡唐に成功したが、第三船は強風に流されて遭難、三棟今嗣以下、全員、死亡した。

恵果の遺言

空海に密教を伝えた師

長安にのこった空海は、大使たちが去ったあと、青竜寺に恵果《けいが》を訪ねて師事し、真言密教の奥義を伝授された。

密教は祈祷《きとう》と呪文《じゅもん》を重視する仏教で、大日如来《だいにちにょらい》を本尊とする教えである。ところが半年後、空海の師、恵果は死んだ。恵果は死の間際、空海を呼び、こう言った。

◇

あなたと出会ったとき、生命がもつかどうか心配したが、すべての教えをあますところなく伝えることができた。曼荼羅《まんだら》、密教法具等もすべてそろった。これらを持って早く日本に帰り、この教えを国中に広め、人々の幸せが増すように祈りなさい。そうすれば国は平和となり、人々は幸福になる。それが仏と師の恩徳に応えることである。（⑨）

◇

空海の陳情

空海の帰国への願い

ちょうどこのとき、第四船の高階逸成たちが長安にやってきた。

空海は、高階の船で日本に帰ろうと考えた。長期留学僧の空海が、わずか一年で帰国することは許されないことだが、恩師、恵果のことばに従おうと思ったのだ。

そこで空海は、帰国を許してほしいという陳情文を唐の朝廷あてに書いた。

◇

寝食を忘れて勉強した結果、十年かかる学業を一年で成しとげて、密教の神髄に到達することができました。

この上は一刻も早くこの教えを持って帰り、天皇の命令にお答え申しあげたい。

これ以上、長く唐土に滞在しても、いたずらに年齢を重ねるだけです。どうか身勝手な願いを聞き入れて下さい。(②)

◇

こうして翌八〇六年(大同元)八月、空海と橘逸勢は、高階遠成の第四船で日本に帰ってきたのである。

空海は多くの経典や書物、そして密教の曼荼羅《まんだら》の図などをもち帰り、帰朝後は京の高雄山寺（神護寺）に居をかまえた。

最澄と空海の決別

書物の借覧を最澄が空海に懇願したが

密教を会得して帰った空海のところに、先に帰国した最澄から、密教関係の書物を借覧したいとの申し出があった。最澄は空海より八歳も年長だが、空海を師とあおぐような礼をとり、借覧を懇願した。

最初、空海は気持ちよく、多くの書物を貸した。ところが数年経つと、空海は書物を貸さなくなった。そして、貸したものも早く返してほしいと言うようになった。

空海は最澄に対して、密教を学びたいなら自分の弟子になって修業せよ、と言っているのだ。だが、天台宗の開山となった最澄としてもプライドがあり、空海の弟子になどなれない。
こうして最澄と空海の関係は冷えこみ、やがてふたりは決別した。

「東密」と「台密」

その後、空海は高野山に金剛峯寺を開き、真言密教の聖地とした。さらにその後（八二三年〈弘仁十四〉）、空海は嵯峨天皇から京の東寺（教王護国寺）を下賜され、密教の根本道場とした（東密）。

いっぽう、空海から密教を学べなくなった天台宗では、その後、円仁や円珍が入唐して密教を会得して帰り、天台宗も密教となった（台密）。

霊仙、毒殺か

長安にのこった霊仙

長安にやってきた第四船の高階遠成一行のなかに霊仙という僧がいた。霊仙は短期留学僧だったが、そのまま長安にのこった。

霊仙は語学の天才で、インド僧から梵語（インド語）を学ぶと、すぐマスターした。その後、唐帝憲宗の依頼を受け、霊仙は梵語の経典を漢語に翻訳する仕事に取りくんだ。皇帝からは「翻経大徳」の称号が贈られた。

ところがその後（八二〇年）、仏教を信奉してきた憲宗が何者かに暗殺された。

歴代、唐の皇帝は道教を信奉しており、そのため道教教団の力がつよくなっていた。憲宗を殺害した犯人も、おそらく道教派の者たちだったのだろう。

霊仙、身の危険を感じ五台山へ移る

身の危険を感じた霊仙は、長安をはなれ、仏教の聖地、山西省の五台山（天台山ではない）に移った。

霊仙の名声は日本にもとどいていた。嵯峨天皇は霊仙の弟子、貞素に託して、五台山の霊仙に黄金百両を贈った。すると、その後、霊仙が訳した経典が貞素を通じて日本にとどけられた。

その後、淳和天皇も、ふたたび百両を貞素に託した。ところが貞素が五台山についたとき、霊仙は亡くなっていた。毒殺だったという。

第九章
最後の遣唐使

小野篁。最後の遣唐使となった承和の遣唐使で副使になったが、渡航を拒み、隠岐に流された（松平定信編『集古十種・古画肖像之部 上』国立国会図書館蔵）

承和の遣唐使

初渡唐から三十年以上経っての遣唐使

延暦の遣唐使から三十年以上も経った八三六年（承和三）、仁明天皇は次の遣唐使派遣を決めた。

そして四月、天皇は大使藤原常嗣《つねつぐ》、副使小野篁《たかむら》らを紫宸殿にまねき、餞別の宴をもうけた。それから数日後、天皇は大使と副使に節刀を授与し、こう命じた。

◇

以前から使者を唐に遣わし、また唐からも使者が渡ってきている。ここに使者を派遣する番がまわってきたのだ。この意味を十分にわきまえ、唐の国の人々がおだやかに心がなごむようにものを申し、唐人をおどろかせるような行為をしてはならぬ。

判官以下の使人で罪を犯す者があれば、罪の軽重にしたがって処罰せよ。そのために節刀を賜うのである。⑾

◇

大使たちは節刀を授与された後、自宅に帰ることはできない。ただちに出航地の難波に行き、出発まで国の鴻臚館《こうろかん》ですごすことになった。

鴻臚館というのは、京や難波、博多におかれた迎賓館である。

渡海、失敗

二船は博多に戻り、二船は安否不明

五月十四日、藤原一行は、四船そろって難波津を出航した。総員六百人を越えていた。

第一船　藤原常嗣《つねつぐ》（大使）　円仁、円載
第二船　小野篁《たかむら》（副使）
第三船　丹墀文雄（判官）
第四船　菅原善主《よしぬし》（〃）

大使の藤原常嗣は、前回（延暦次）の大使、藤原葛野麻呂の子である。

円仁と円載は、ともに最澄門下の天台僧で、密教を学ぶために渡唐を志した。

瀬戸内海を通り、その後、四船そろって博多の津を出帆した。

ところがその後、都にはいった情報によると、第一船と第四船は博多に舞いもどってきたが、第二船と第三船は安否不明になった、とのことだった。

心配した仁明天皇が、第一船の大使、藤原常嗣に激励のことばをとどけた。

◇

遣唐使たちは、危険を冒して海原を渡ろうとした。しかし、それがかなわず、途中から引き返さざるを得なかった。それを思うと、心の憂いは沈まることがない。

第一船と第四船は修理をしなければならないという。船の修理が終わるのを待って、渡海をなし遂げよ。

第二船と第三船は、まだ安否がわからない。それを思うと、心配でいたたまれない。⑪

◇

第三船の惨事

大使藤原常嗣、天皇の勅符に感激

仁明天皇の勅符を受けとった大使、藤原常嗣は、感激して次の文を書いた。

◇

大海に乗り入れてから日夜、漂流をつづけ、ついに生きる頼りを失ってしまった。ひたすら海上で死を待つばかりであった。ところが天は人を殺さなかった。ようやく死をまぬかれて、本土に漂泊することができた。

今とくに天皇のおぼしめしをいただき、慰めと喜びでいっぱいである。⑾

◇

実は第二船も博多にもどってきていた。安否不明は第三船だけだった。

第三船の安否

第三船はどうなったのか。判官、丹墀文雄の第三船は遭難し、乗組員百四十人のうち、生きのこったのはわずか二十八人だった。丹墀も死んだ。

生存者のうち、十六人はいかだで対馬にたどりついた。三日後、九人がやはりいかだで対馬に漂着した。さらにその後、船の残骸につかまって残りの三人が対馬にたどりついた。

生きのこった二十八人のうちのひとり、真言僧の真済《しんぜい》が、のち次のように報告した。

◇

かじ折れ、棚落ち、潮あふれ、人溺る。

船頭（判官、丹墀文雄）以下、百四十余人、波に任せて漂蕩。ここに船頭、議して曰く、

「われら空しく船上に渇死せんとす。船を壊していかだを作るに如くはなし」と。

おのおの船板を放ち取りていかだを作り、水をもとめて各々、去れり。（2）

◇

またも失敗

遣唐使一行の解散

ところで第一船、第二船、第四船の六百人あまりをかかえこんだ大宰府庁は、悲鳴をあげていた。施設の点からも、費用の面からも、お手上げだったのだ。

そのため、朝廷は、一行に解散を命じた。

そこで九月、大使と副使は都（平安京）にもどり、天皇に節刀を奉還した。

破損した三隻の船は、大宰府庁の下で大修理にあたった。

年があけた八三七年（承和四）三月、天皇は改めて大使（藤原常嗣）と副使（小野篁）を呼び、餞別の宴をもうけ、節刀を授与した。

大使と副使はしばらく京の鴻臚館ですごし、やがて出航地に向かって行った。

ところがこのふたり（藤原と小野）はあまり仲がよくなかったようで、大使が京を出て、五日後に副使が出発した。同行しなかったのだ。

そして七月、修理を終えた三隻の船（第一船、第二船、第四船）は博多の津を同時に出帆し、唐をめざした。

再び強風にあい漂着

ところがまたまた強風で押しもどされ、第一船と第四船は壱岐島に漂着し、第二船は値賀島（五島列島）に漂着した。

その後、三隻とも、ふたたび博多に舞いもどり、この年も渡海に失敗した。大使と副使は、そのまま大宰府にとどまることになった。

承和次（八三八　藤原常嗣）

三度目の正直で唐の港にたどりつく

三度目の正直の年（八三八〈承和五年〉）となった。

六月、第一船と第四船が博多の津から出帆した。こんどは順調に航海し、七月のはじめ、二隻とも無事、揚子江口の揚州についた。

第二船は出航しなかった。副使の小野篁が乗船を拒否したからだ。

もともと仲のよくなかった藤原常嗣と小野篁が、乗る船をめぐって争い、敗れた小野篁が、病気を理由に乗船を拒否したというのが真相のようだ。

小野篁は、死罪は免がれたが、官位を剥奪され、隠岐島に流罪となった。

そこで、第二船は小野に代わって、判官の藤原豊並《とよなみ》が指揮を執ることになった。

そして、第一船、第四船が揚州についたころ、第二船は博多を発ったのである。

まもなく、第二船は、山東半島の根元にある海州についた。ところが藤原豊並は、大使一行に加わって長安に向かう途中、病死してしまった。

そこでその後、准判官の良岑長松《よしみねのながまつ》が第二船の指揮を執ることになった。

ところで、隠岐に流された小野篁は、二年後、許され、都にもどった。そして、和歌に才能を発揮し、最後は参議（閣僚）に昇進した。

円仁、不許可

円仁天台山行を許されず

揚州についた遣唐大使、藤原常嗣は八月、この地の統治者（節度使）李徳裕に会い、長安入京の許可をもとめた。さらにその後、天台僧、円仁らの天台山（国清寺）行きの許可をもとめた。

ところが長期留学僧、円載の留学は認められたものの、短期留学僧、円仁の天台山行きは許可されなかった。

円仁は失意のどん底に落された。しかし、どうすることもできない。二百七十人の留守部隊とともに揚州にとどまり、そのまま帰国するしかなかった。

九月末、大使一行の入京許可の通知がとどいた。李徳裕が送別の宴を開いてくれた。そして十月、大使、藤原常嗣以下三十五人が五艘の小舟に分乗して揚州を発ち、大運河を北上した。

一行は十二月のはじめ、長安に入京した。

そして年があけた八三九年正月、大使以下二十五人が大明宮で唐帝、文宗に謁見した。このとき大使が、改めて円仁の天台山行きの勅許をもとめたが、やはり勅許は得られなかった。

その後、遣唐使一行は長安を発ち、出航地の楚州に向かった。

実は揚州についた第一船と第四船は、座礁して使いものにならなくなっていた。そこで日本側は、楚州で新羅船九艘を借り、新羅人水夫六十人もやとっていた。

二月、大使一行は楚州についた。そこで揚州にとどまっていた円仁や留守部隊の二百七十人も楚州にやってきた。

このとき円仁は、天台山行きの勅許が得られなかったことを知らされた。最後の望みが断たれたのだ。

円仁の決意

唐にとどまった円仁

密教をきわめるためにやってきた天台宗の円仁は、このまま帰国するわけにはいかないと思った。

円仁は、唐にとどまるつよい決意を手紙に書き、大使の藤原常嗣にとどけた。

大使の藤原も、そこまで言うならと、目をつむることにした。

三月二十二日、第一船、第四船の全乗組員三百人が九艘の新羅船に分乗した。円仁も乗りこんだ。

九艘は楚州から准河を下り、海に出た。そしてまもなく、第二船が待っている海州につき、円仁はここで船を降りた。

別れに際し、大使の藤原常嗣は、二十両のカネを円仁に与えた。

円仁は六月のはじめ、山東半島の先端の赤山《せきざん》にやってきた。そして、ここの赤山法華院の世話を受けることになった。

赤山法華院は法華宗の寺であるが、円仁の天台宗とも関係があった。

南海の賊地

新羅船での帰国

新羅船で日本に帰った遣唐大使、藤原常嗣は、九月、都（平安京）にもどって朝廷に参内し、節刀を奉還した。

その翌日、仁明《にんみょう》天皇は藤原常嗣を紫宸殿《ししんでん》にまねき、旅の苦労をねぎらった。

その後、天皇は、大使、藤原常嗣に従三位、小野篁の代りをつとめて唐で亡くなった藤原豊並に従五位上を贈った。

ところが、そのわずか七ヵ月後、藤原常嗣は病気で死んだ。四十五歳だった。

仁明天皇は囲碁が好きだった。天皇は、今回、唐から帰った囲碁の名手（碁師）、伴須賀雄《すがお》を呼び、前回、唐から帰った同じ碁師の伴雄堅魚《おかつお》と対局させた。

ふたりは天皇の前で五番勝負をしたが、雄堅魚が二子を置いて打ち、四勝一敗だったという。

最悪の悲劇に終わった承和次の遣唐使

ところで、九艘の新羅船はすべて日本に到着したが、海州を出航した第二船は南方に流されて大破し、多くの乗組員が荒海に沈んだ。

生きのびた者も、「南海の賊地」に漂着したあと、大半の者は現地人に殺された。生きのこったのは二十人だけだった。二十人は、大破した船を壊して二艘の小舟をつくり、何とか「賊地」を脱出した。

そして翌年（八四〇〈承和七〉）、准判官の良岑長松以下、二艘とも大隅国にたどりついた。

それにしても今回（承和次）の遣唐使派遣は、過去、最悪の悲劇をもたらした。派遣された四隻の遣唐使船は、一隻も日本にもどってこなかった。そして死者の数は、最初の第三船が百十人、最後の第二船が百四十人、あわせて二百五十人におよんだ。

第十章

菅原道真の建議

遣唐使の中止を上申した菅原道真。このあと遣唐使派遣は終わった。
（『古今偉傑全身肖像：歴史対照』東京造画館、国立国会図書館蔵）

会昌の排仏

武宗即位後の全国的な排仏運動

赤山法華院にはいった円仁は、八ヵ月後、仏教の聖地、五台山を巡礼することにした。

そして八四〇年二月、円仁は赤山を出発し、二ヵ月後、五台山についた。

五台山は山西省にある仏教の聖地で、標高二千五百メートルほどの五つの峰が台の形で連なっていることから、五台山と呼ばれている。

五台山に二ヵ月ほど滞在した円仁は、その後ここを発ち、長安に向かった。

そして、長安についた円仁は、ここで本格的に密教を学ぶことにした。

ところが、このとき唐では大規模な仏教撲滅運動がおきていた。

唐は道教を国教としていたが、とくに道教大好きの武宗が八四〇年に即位して以来、全国的に排仏運動が広がっていた。

そして翌年（八四一）、元号が「会昌」に改元され、これ以後の仏教撲滅運動を「会昌の排仏」という。四万におよぶ仏寺が焼かれ、二十六万人の僧尼が還俗を命じられた。

長安の荒廃

仏教弾圧がはげしく

そういうなかで円仁は、長安にある青竜寺を訪ねた。そして、密教の奥義を義真《ぎしん》から学びはじめた。

ところが、長安での仏教弾圧もしだいにはげしくなった。

そのころの円仁の日記に次のようにある。

◇

今上（武宗）は、ひとえに道教を信じて、仏教をば憎嫉す。僧を見るを喜ばず。三宝を聞くを欲せず

◇

また、長安の街がひどく荒廃し、死骸が満ちあふれていると書いている。

◇街裏に斬らるる死骸が路に満ち、血は流れ、土をうるおして泥となる。

◇軍の健児（兵）は、人を斬る毎にその眼や肉を割いて食らう。

帰国命令

八四五年になると、「会昌の排仏」はますます激しくなった。天下の僧尼はすべて還俗せよとの命が下り、外国僧の円仁にも帰国命令が下った。

円仁は帰国準備を急いだ。多くの経典や書物、曼荼羅の図などの荷造りをはじめた。

円仁、帰国へ

円仁、多くの人に敬愛された長安を去る

円仁は、長安で多くの人たちに敬愛されていた。とくに朝廷に仕える高官の李元佐《りげんさ》

は、円仁を師と仰ぎ、慕っていた。

五月十五日、円仁は五年間暮らした長安を後にした。そのとき、李元佐が別れのことばをのべた。

◇

私は貴僧にお会いし、この数年間、貴僧を師と仰ぐことができたことを生涯最大の幸せと思っております。

権力者の命令でお別れすることを余儀なくされましたが、この世では恐らく、二度とお会いできないでありましょう。

来世に、御仏の許しで、ふたたび貴僧の弟子たらんことを祈るだけです。⑹

◇

赤山法華院にたどりつくも跡かたもなし

そして六月末、円仁は揚州にやってきた。ここは七年前、遣唐使船で上陸して待機していたところだ。

だが、円仁は、どうしても楚州から出航したかった。そこで揚州から北上して、楚州にやってきた。ところが楚州でも、次の海州でも、円仁は退去を命じられた。
そこで円仁は、山東半島の突端まで歩いて北上するしかなかった。
そして八月末、かつて世話になった赤山法華院の地にたどりついた。
ところが法華院は焼かれ、跡かたもなかった。「会昌の排仏」のためだ。

円仁の帰京

仏教大赦令により僧服をまとう

翌八四六年三月、仏教ぎらいの皇帝武宗が死んだ。新皇帝宣宗は、ただちに仏教大赦令を出した。円仁はよろこび、日記『入唐求法巡礼行記』にこう書いた。

◇

新天子（宣宗）、五月中に大赦す。

天下、州ごとに両寺を造り、節度府に三所の寺を造るを許す。寺ごとに五十の僧を置く。

去年、還俗したる僧の年五十以上の者は、旧に依って出家するを許す。そのなかにて年八十にのぼる者は、国家が五貫文を賜う。

◇

翌年（八四七）、円仁は仏教大赦令により、久しぶりに剃髪して僧服をまとった。そして九月、新羅商人の船に便乗し、赤山浦をはなれた。

円仁、日本の土をふむ

こうして、円仁は、九年ぶりに日本の土をふみ、大宰府の鴻臚館にはいったのである。

ここに半年ほど滞在し、翌八四八（承和十五）年三月、円仁は都、平安京にもどって来た。そして宮中の内供奉に任命された。

その後、八五四年（仁寿四）、円仁は延暦寺の第三代、天台座主に任命された。それから十年後、円仁は延暦寺で静かに息を引きとった。七十一歳だった。

清和天皇は円仁の功績をたたえ、慈覚大師の諡号《しごう》を贈った。このとき最澄にも伝教大師の諡号を贈った。

そして、それから五年後、真言宗の空海に弘法大師の諡号を贈ったのである。

円載と円珍

円載のその後

ところで円仁といっしょに遣唐使船で入唐した天台僧の円載は、その後どうなったのか。

長期留学僧の円載は、円仁と違って留学を認められ、天台山の国清寺に行き、修業をはじめた。ところが、その後、あの「会昌の排仏」に直面し、円載は還俗せざるをえなくなった。還俗したあと、同じく還俗した、元尼僧の女性と結婚し、子供も生まれた。

円珍の来唐

そこに「会昌の排仏」が終わったあと、日本から円珍がやってきた。円載と円珍は、かつて比叡山延暦寺で席をならべ、修業した仲である。

円珍は密教を習得するため、八五三年（仁寿三）、私渡僧として、商人の船で福州にやってきた。そして天台山の国清寺に行き、円載と顔を合わせたのだった。

だが円載のほうに引け目（還俗、結婚）があったせいか、ふたりの間は最初からぎくしゃくし、仲違いして、ついに憎み合うようになった。

円珍は帰国後、円載のことをひどく悪く書いている。

◇

円載は尼僧を犯した。それを知った日本人僧の円修が円載を戒めた。

すると円載は、円修を毒殺しようとした⑫

◇

これは、どこまで本当のことか分からない。

それから二十数年後（八七七年）、円載は日本に帰ろうとして唐商人の船に乗ったが、運悪く遭難し、日本に帰りつくことはできなかった。

いっぽう円珍は帰国後、延暦寺の第五代天台座主となり、没後、智証大師の諡号が贈られた。

日本の財政難

止まった遣唐使派遣

日本は承和次の遣唐使（八三八年）以来、五十年間、次の遣唐使を派遣しなかった。なぜか？

理由のひとつは、平安時代にはいって（九世紀）、唐や新羅の商人がたびたび日本に来航するようになり、唐の物品（唐物《からもの》）もアジアの情報も、たやすく手に入るようになったからだ。

それから、日本の国家建設のために必要な唐のすすんだ制度、法律、文化などを、これまで一応、取り入れることができたことにもよる。

さらに、日本の深刻な財政難である。

遣唐使を派遣するためには、ばく大な費用が必要だった。

唐の皇帝への銀や絁などの贈物（朝貢品）、遣唐大使や副使に下賜される特別の砂金、乗船者全員の旅費、滞在費、食料費、留学生の留学費、それに船の建造費などなどだ。当時の日本財政は苦しく、これらを負担する余裕はなかった。

この莫大な財政負担のことを考えると、遭難の危険を犯してまで、もはや遣唐使を派遣する必要はなかった。

それに、唐は末期的症状を呈していた。黄巣の乱などが勃発し、洛陽も長安も反乱軍に占拠されていた。

菅原道真の建議

宇多天皇の中止決断をうながす

しかし、世界帝国の唐にはメンツもプライドもある。黄巣の乱を平定したあとの八九四年（寛平六）、唐は日本に朝貢の復活を求めてきた。

朝廷はそれを受け、八月二十一日、菅原道真を次の遣唐大使に任命した。道真はこのとき五十歳、参議に列していた。

ところが、その直後（九月十四日）、菅原道真は、遣唐使を中止すべきだという上申書を宇多天皇に提出した。

実はそのころ、唐に留学していた中瓘《ちゅうかん》という僧から、唐の国内情勢のことが日本の朝廷に伝えられていた。

菅原道真は、この中瓘の手紙にふれて、遣唐使反対の上申書を書いた。

◇

諸公卿に遣唐使派遣の中止を検討していただきたい。

唐にいる僧侶、中瓘の手紙を読んで、唐の衰退ぶりが手に取るように分かった。朝貢をつづける必要はもうないと思う。遣唐使の派遣は中止すべきである。

これまでの渡唐の旅で、難破したり、盗賊に遭って命を落としたりして、唐の土を踏むこともできず、悲しい思いをした者がどれだけいたことだろう。

中瓘の報告を読んでいると、命がけで赴くだけの価値はないことがよく分かる。

これは国家の大事であり、決して自分ひとりのために陳情しているわけではない。(⑥)

◇

そしてわずか半月後(九月三十日)、宇多天皇は遣唐使派遣の中止を決断した。

こうして二百年におよぶ日本の遣唐使派遣は終わりをつげ、日本はいっそう自立性、独立性をつよめていくことになったのである。

（了）

参考文献

①氣賀澤保規編『遣隋使がみた風景―東アジアからの新視点―』八木書店、2012年
②上田雄『遣唐使全航海』草思社、2006年
③上野誠『天平グレート・ジャーニー　遣唐使・平群広成の数奇な冒険』講談社、2012年
④上野誠『遣唐使　阿倍仲麻呂の夢』角川選書、2013年
⑤森公章『遣唐使の光芒　東アジアの歴史の使者』角川選書、2010年
⑥曹復『遣唐使が歩いた道』二玄社、1999年
⑦松枝正根『古代日本の軍事航海史【下巻】』かや書房、1994年
⑧古瀬奈津子『遣唐使の見た中国』吉川弘文館、2003年
⑨遣唐使船再現シンポジウム編『遣唐使船の時代 時空を駆けた超人たち』角川選書、2010年
⑩宮田俊彦『吉備真備』吉川弘文館、1988年
⑪佐伯有清『最後の遣唐使』講談社、1978年
⑫王勇『唐から見た遣唐使　混血児たちの大唐帝国』講談社、1998年
⑬森克己『遣唐使』至文堂、1955年
⑭専修大学・西北大学共同プロジェクト編『遣唐使の見た中国と日本　新発見「井真成墓誌」から何がわかるか』朝日新聞社、2005年
⑮茂在寅男ほか『遣唐使研究と史料』東海大学出版会、1987年
⑯櫻井隆『勝宝の遣唐使【私考】』清文社、2011年
⑰東野治之『遣唐使船　東アジアのなかで』朝日選書、1999年
⑱増村宏『遣唐使の研究』同朋舎出版、1988年
⑲東野治之『遣唐使と正倉院』岩波書店、1992年
⑳東野治之『遣唐使』岩波新書、2007年

㉑千田稔『平城京遷都　女帝・皇后と「ヤマトの時代」』中公新書、２００８年
㉒安藤更生『鑑真』吉川弘文館、１９８９年
㉓吉村武彦『聖徳太子』岩波新書、２００２年
㉔田村晃祐『最澄のことば』、雄山閣、１９８５年
㉕大原正義『命の輝き・若き遣唐使たち』叢文社、２００９年
㉖塚本哲朗『平安京の驚き！　京都の歴史ロマンを歩く』彩流社、２００５年
㉗円仁『入唐求法巡礼行記１、２』東洋文庫、１９７０年、１９８５年
㉘佐伯有清『円仁』吉川弘文館、１９８９年
㉙井上光貞監訳『日本書紀Ⅰ、Ⅱ、Ⅲ』中央公論新社、２００３年
㉚福永光司編『日本の名著３　最澄 空海』中央公論社、１９７７年
㉛遠山美都男『壬申の乱　天皇誕生の神話と史実』中公新書、１９９６年

＊本文中の（　）内の数字は右の参考文献番号を示す。

〈著者　プロフィール〉
志岐　隆重（しき　たかしげ）

〈略歴〉
一九三八年生まれ。
一九六二年広島大学卒。
以後、長崎県立高校教諭（社会科）。
一九九九年退職。長崎市在住。

〈著書〉（歴史ノンフィクション）
『島原・天草の乱』　葦　書　房
『天正少年使節』　長崎文献社
『長崎出島四大事件』　長崎新聞社
『トーマス・グラバーと倉場富三郎』　長崎新聞社
『十二回の朝鮮通信使』　長崎文献社
『元と高麗の侵攻』　長崎文献社
『後藤象二郎と岩崎弥太郎』　長崎文献社

歴史ドキュメント
命をかけた遣唐使たち
鑑真と仲麻呂の運命の岐路

発行日　２０１７年10月20日　初版発行
著　者　志岐隆重
発行人　片山　仁志
編集人　堀　憲昭
発行所　株式会社　長崎文献社
長崎市大黒町3丁目1番　長崎交通産業ビル5階
ＴＥＬ　０９５（８２３）５２４７　ＦＡＸ　０９５（８２３）５２５２
ＨＰ　http://www.e-bunken.com
印刷所　シナノパブリッシングプレス

ISBN978-4-88851-280-0 C0021